미리 보고 개념 잡는 **초등**

독해력

이재승, 김민중 지음

Mirae N 아이세움

차례

독해력의 중요성

글은 줄줄 소리 내어 읽는데 내용을 물어보면 제대로 말하지 못하는 아이가 뜻밖에 많습니다. 책을 읽어도 재미가 없고 내용도 잘 모르고 기억도 나지 않으니 독서를 싫어하게 되지요. 이 것은 독서만이 아니라, 학습에도 직접적인 영향을 주는 문제이지요. 모든 공부는 읽기에서 시 작해 읽기에서 끝난다고 해도 과언이 아니기 때문입니다. 국어뿐만 아니라 수학이나 과학 같 은 과목도 내용을 정확히 읽고 이해해야만 문제를 제대로 해결할 수 있으니, 독해력이 부족한 아이는 학습 능력이 떨어질 수밖에 없습니다.

독해력 향상 전략

그렇다면 어떻게 독해력을 길러야 할까요? 뜻도 잘 모르고 재미도 없는데 무조건 많이 읽으 라고 하면 될까요? 많이 읽되, 더 똑똑하게 보다 전략적으로 읽는 방법이 있습니다.

☑ 글의 종류 파악하기

세상에는 참으로 다양한 종류의 글이 있습니다. 국어 교과서만 살펴보아도 동시, 동화, 설명 문, 논설문, 편지, 기행문 등이 다양하게 실려 있지요. 각 글은 그 종류(장르)에 따라 일정한 형식을 가지고 있습니다. 독해력을 기르려면 글의 종류를 먼저 파악하고 그 형식이나 특징에 맞는 읽기 전략을 세워야 합니다.

☑ 읽기 전 활동하기

글 읽기를 시작하기 전, 표지의 제목이나 책 속 그림을 보면서 글 내용을 상상해 보는 시간을 갖는 것이 좋습니다. 아울러 아이가 가진 배경지식을 연결해 대화를 나눈다면, 창의력과 사고력이 동시에 활성화되어 독해력이 발달하게 됩니다.

☑ 본격적으로 읽기

본격적으로 읽을 때는 눈으로 보고, 입으로 크게 소리 내어 읽으면서 글 내용에 집중합니다. 소리 내어 읽기가 끝나면 앞서 글의 종류를 파악하며 세웠던 읽기 전략을 염두에 두고 다시 한 번 글을 읽는 것이 좋습니다. 한 번에 알 수 없었던 부분도 다시 읽으면 이해할 수 있게 됩니다.

☑ 새로운 어휘 학습하기

읽기 활동 중에 새로운 낱말이 나오면 글의 문맥 속에서 낱말의 의미를 유추해 보도록 합니다. 그런 다음 일상생활에서 어떻게 쓰이는지 예를 들어 봅니다. 처음에는 그 낱말이 어떤 뜻으로 쓰였는지 알지 못하더라도 낱말에 관심을 갖게 해 주면 결국 그 낱말의 뜻을 터득하게 됩니다. 독해력을 키우려면 어휘력이 든든한 밑바탕이 되어 주어야 합니다.

☑ 읽은 후 활동하기

글을 읽고 난 후에는 각각의 글 특성에 맞는 읽기 전략에 대한 문제를 반복적으로 풀어 보면서 독해력을 키우는 훈련을 합니다. 같은 종류의 글을 더 찾아 읽어 보는 것도 좋은 방법입니다.

차례차례 따라 하면 독해력 백 점

1. 글의 종류를 파악하고 읽기 전략을 세워요!
- 각 단원에서 읽을 글의 문학적 특성을 이해하고 글의 종류에 딱 맞는 읽기 전략을 세워 봅니다.

2. 재미있는 독후 활동으로 자연스럽게 독해력을 키워요!
- 제대로 읽었는지 재미있는 독후 활동 문제로 내용을 확인합니다.
- 읽기 전략에 맞춘 문제로 글의 핵심을 빠르고 정확하게 파악합니다.
- 어떤 글이든지 읽고 창의적으로 사고할 수 있는 독해력을 키웁니다.

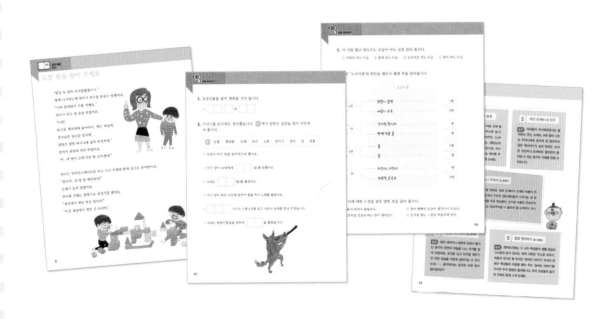

창작 동화

 창작 동화는 어린이들이 재미있게 읽을 수 있도록 작가들이 새롭게 지어낸 이야기입니다. 창작 동화에서는 등장인물이 누구인지, 어디에서 어떤 사건이 일어났는지 생각하며 읽는 것이 중요합니다. 등장인물의 행동과 생각, 사건의 원인과 결과를 생각하며 이야기가 전하려는 주제를 파악해 봅시다.

 창작 동화 이렇게 읽어요!

- 제목을 읽고 어떤 이야기일지 상상해 봅니다.
- 등장인물은 누구인지, 서로 어떤 관계인지 파악합니다.
- 어떤 사건이 일어나고 해결되는지 살펴봅니다.
- 작가가 전하고자 하는 생각은 무엇일지 생각해 봅니다.
- 내가 이야기 속 인물이라면 어떻게 할지 상상해 봅니다.

로봇 팔을 찾아 주세요

"방을 또 잔뜩 어지럽혔겠구나."

밖에 나가려는데 엄마가 찬수를 붙잡고 말했어요.

"이따 돌아와서 치울 거예요."

엄마가 찬수 방 문을 열었어요.

"이런!

물건을 제자리에 놓아야지. 책은 책장에,

장난감은 장난감 상자에,

양말은 양말 바구니에 넣어 버릇하렴."

엄마가 찬찬히 일러 주었어요.

"어, 내 방이 금세 다른 방 같아졌네!"

찬수는 인라인스케이트를 타고 나서 은태와 함께 집으로 돌아왔어요.

"찬수야, 네 방 참 깨끗하네!"

은태가 놀라 말했지요.

찬수와 은태는 블록으로 집짓기를 했어요.

"세상에서 제일 멋진 집이다!"

"이건 세상에서 제일 긴 다리야."

귀신 놀이도 했어요.

"으히히히히히, 나는 이불 귀신이다!"

"크크크크크, 나는 보자기 귀신이야!"

조립 로봇도 가지고 놀았어요.

"어, 팔 하나가 없네."

"어디로 숨은 거지?"

이불을 밀쳐 내고 보았지만 안 보였어요.

보자기를 들어도 보이지 않았어요.

블록 집을 허물고 보아도 안 보였어요.

"팔 하나가 없으면 외팔이 로봇이 되는데……."

이곳저곳 찾아보았지만 로봇의 팔 하나가 나타나지 않았어요.

"작아서 눈에 잘 띄지 않아."

방 안은 점점 더 뒤죽박죽이 되었어요.

그때 찬수가 말했어요.

"좋은 생각이 났어. 물건들을 하나하나 제자리에 놓다 보면 로봇 팔이 나타날 거야."

"그래, 좋은 생각이야."

은태도 맞장구를 쳤어요.

찬수와 은태는 어지러운 방 안을 정리하기 시작했어요.

엄마가 가르쳐 준 대로 이불은 반듯하게 개서 침대 위에 놓았어요.

베개를 제자리에 놓고, 휴지는 휴지통에, 옷은 옷걸이에,

물건들을 모두 제자리에 놓았어요.

"휴, 힘들어!"

방이 거의 다 치워졌을 때예요.

"이것 좀 봐. 로봇 팔이 여기 숨어 있었어!"

찬수가 외쳤어요.

"와, 정말!"

은태가 로봇의 어깨에 팔을 달아 주었어요.

"우리 찬수, 뭐 하니?"

엄마가 찬수 방 문을 열었어요.

"잃어버린 로봇 팔을 우리가 다시 찾았어요."

찬수가 말했어요.

"방 정리도 참 잘했네!"

1. 이 이야기의 등장인물이 알맞게 짝지어진 것을 찾아봅시다.

① 찬수 - 선생님   ② 엄마 - 아빠   ③ 귀신 - 은태   ④ 찬수 - 은태

2. 어디에서 일어난 이야기인가요?

① 은태의 방   ② 어린이집   ③ 찬수의 방   ④ 놀이터

3. 이야기를 순서대로 정리해 봅시다.

1 잃어버린 로봇 팔을 찾았다.

2 찬수는 은태와 방을 엉망으로 만들며 놀았다.

3 찬수와 은태는 방을 정리했다.

4 로봇 팔 하나가 없어진 걸 알았다.

□ → □ → □ → □

4. 보기 에서 각각의 상황을 가장 잘 설명하는 낱말을 찾아 써 봅시다.

> 보기   숨바꼭질   뒤죽박죽   반듯하게   대충대충

1) 여럿이 마구 뒤섞여 엉망이 된 상태.

• 방 안은 점점 더 ▢▢▢▢ 이 되었어요.

2) 작은 물건, 또는 생각이나 행동 따위가
   비뚤어지지 않고 바르게.

• 이불은 ▢▢▢▢ 개서 침대 위에 놓았어요.

5. 찬수와 은태는 로봇 팔을 찾으면서 무엇을 깨닫게 되었나요?

① 청소는 엄마에게 부탁해야 해.

② 방 정리를 잘 해야겠어.

③ 새 로봇을 빨리 사야겠어.

④ 로봇 조립하기는 어려워.

6. 이 이야기를 읽은 친구들의 생각입니다. <u>잘못</u> 생각한 친구를 골라 봅시다.

① 재욱: 나도 저런 경험이 있어서 재미있었어.

② 은경: 이 이야기는 진짜 있었던 일이야.

③ 진호: 찬수와 은태는 친구 사이야.

④ 영아: 내 물건은 내가 잘 정리해야겠어.

왜 나만 따라 해!

미술 시간, 민지는 자신 있게 숙제를 펼쳤어요.

"으악! 이게 뭐야!"

글쎄, 민지의 그림이 엉망진창이지 뭐예요?

이런 짓을 할 녀석은 침질질이 괴물뿐이에요!

화가 난 민지는 신주머니를 툭툭 하며 집에 왔어요.

현관문도 "쾅!" 소리 나게 닫았지요.

그 소리에 침질질이 괴물이 달려 나왔어요.

"저리 가! 따라오지 마!"

민지는 이불을 홱 둘러썼어요.

그래도 침질질이 괴물은 뒤뚱뒤뚱 민지를 쫓아왔어요.

민지는 괴물을 피해 이불을 꼭꼭 뒤집어썼어요.

그런데 어디선가 이상한 냄새가 솔솔 풍겨 오지 뭐예요!

"여기에 똥을 싸면 어떡해!"

민지는 깜짝 놀라 소리쳤어요.

'으악! 내 인형들!'

민지는 잽싸게 장난감들을 챙겼어요.

그러자 괴물도 바닥에 널린 물건들을 바싹 끌어당겼어요.

"으! 더러워!"

침질질이 괴물은 똥 묻은 손으로

장난감들을 마구 만졌어요.

그러고도 뭐가 좋은지 헤벌쭉 웃고 있었어요.

똥 범벅이가 된 괴물을 보자 민지는 어처구니가 없었지요.

침질질이에 똥 범벅이라니!

민지는 더 이상 참을 수가 없었어요.

괴물이 한눈을 파는 사이, 민지는 살금살금 밖으로 나갔어요.

그러자 침질질이 괴물이 민지를 따라 나왔어요.

"제발, 나 좀 따라오지 마!"

민지는 괴물을 뿌리치고 놀이터로 달려갔어요.

놀이터에는 이미 친구들이 잔뜩 모여 있었어요.

민지는 친구들을 향해 반갑게 달려갔어요.

그런데 이호가 자꾸 민지를 보며 고개를 갸우뚱거리는 거예요.

"너한테서 이상한 냄새 나."

이호는 민지에게 코를 바싹 들이대고 킁킁댔어요.

그러다 민지의 등에 묻은 똥을 발견했어요.

"민지 옷에 똥 묻었대!"

얼굴이 새빨개진 민지는 도망치듯 집으로 뛰어갔어요.

'다 저 녀석 때문이야.'

민지는 괴물을 향해 눈을 흘겼어요.

동화책을 펼쳤지만 책이 눈에 들어오지 않았어요.

큰 소리로 놀리던 이호의 모습만 떠올랐죠.

'어? 이상하다? 왜 이렇게 조용하지?'

민지는 이상한 생각에 뒤를 돌아보았어요.

"으악! 내 공책!"

침질질이 괴물이 민지의 공책을 질겅질겅 먹고 있었어요!

"이리 내!"

괴물과 실랑이를 벌이느라 집 안이 온통 난장판이 되었어요.

"제발 나 좀 따라 하지 마!"

민지가 소리를 꽥 지르자 침질질이 괴물이 울음을 터뜨렸어요.

"으아앙!"

민지는 엄마에게 호되게 야단을 맞았어요.

'엄마는 만날 나만 혼내.'

민지는 분해서 눈물이 났어요.

그때였어요.

민지를 빤히 바라보던 침질질이 괴물이 엉금엉금 다가왔어요.

그러더니 민지를 따라 손을 번쩍 들지 뭐예요.

"야, 이제 벌서는 거까지 따라 하냐!"

민지는 그만 웃음을 터뜨리고 말았어요.

침질질이 괴물은 오늘도 민지를 졸졸 따라다녀요.

"같이 갈 거면 빨리 와."

민지는 뒤따라오는 동생을 향해 손을 내밉니다.

1. 침질질이 괴물은 누구인가요?

① 외계인

② 이호

③ 동생

④ 엄마

2. 이야기의 줄거리입니다. 보기 에서 알맞은 말을 찾아 빈칸에 써 봅시다.

> 보기　침질질이　공책　화　똥　동생　엄마　이호　장난감

- 민지는 그림이 엉망진창이 되어 ☐ 가 났다.

- 화난 채로 집에 왔더니 ☐☐☐ 괴물이 따라다녔다.

- 민지는 몰래 놀이터로 나왔다가 ☐ 묻은 옷 때문에 창피를 당했다.

- 자꾸 따라하는 괴물 때문에 민지는 ☐☐ 에게 혼이 났다.

- 벌을 서는 것도 따라하는 ☐☐ 때문에 웃음이 터졌다.

3. 동생이 민지를 자꾸 따라 하는 이유는 무엇인지 생각해 써 봅시다.

4. 다음 일이 일어났을 때 민지의 마음이 어땠는지 선으로 이어 봅시다.

옷에 똥이 묻어 놀림을 당했다. •　　　　• 분해서 눈물이 났다.

동생을 울렸다고 혼났다. •　　　　• 창피해서 도망치고 싶었다.

동생이 벌을 따라 섰다. •　　　　• 동생의 엉뚱함에 기분이 풀렸다.

5. 다음 글에 나타난 민지의 마음을 알맞게 짐작한 것은 무엇인가요?

> 침질질이 괴물은 오늘도 민지를 졸졸 따라다녀요.
> "같이 갈 거면 빨리 와."
> 민지는 뒤따라오는 동생을 향해 손을 내밉니다.

① '이번이 마지막이야. 다음에는 절대 안 데려 가.'
② '너 때문에 엄마한테 혼났어.'
③ '말썽쟁이지만 내 동생이니까 데리고 다녀야지.'
④ '친구들한테 동생을 맡겨야겠어.'

6. 글쓴이가 이 이야기를 통해 하고 싶은 말은 무엇인지 골라 봅시다.

① 엄마 말씀을 잘 들어야 한다.　　② 숙제는 잘 보관해야 한다.
③ 어린 동생을 이해하고 배려해 줘야 한다.　　④ 자기 방 정리를 스스로 해야 한다.

1 내 동생 싸게 팔아요 글 임정자

활동: 동생과 누나, 동생과 형의 관계는 어떤 관계일까요? 짱짱이는 얄미운 동생을 팔러 시장에 가요. 동생이 얼마나 자기 속을 썩이는지 말하자, 장난감 가게 언니도, 꽃집 할아버지도 다 동생을 사지 않겠다고 해요. 친구 순이는 거저 줘도 안 갖겠대요. 속이 탄 짱짱이는 순이에게 동생을 주려고 동생의 장점을 하나씩 말해 주기 시작하는데……. 과연 짱짱이는 동생을 잘 팔 수 있을까요?

2 나쁜 어린이 표 글 황선미

활동: 착한 어린이 표를 받고 싶은데 자꾸 나쁜 어린이 표만 주시는 선생님. 결과만을 보고 판단하는 선생님에 대해 건우도 자신만의 '나쁜 선생님 표'를 만드는데……. 착한 어린이가 되려는 건우의 나쁜 어린이 표 탈출 작전!

3 악어 연필깎이가 갖고 싶어
글 이상교

활동: 한결이가 친구 솜이네 집에 놀러 갔어요. 솜이는 삼촌이 사다 준 악어 모양 연필깎이를 보여줘요. 솜이가 잠깐 다른 방에 간 사이, 한결이는 악어 연필깎이를 만지작거리며 고민해요. 너무너무 갖고 싶은 악어 연필깎이! 한결이는 어떤 선택을 할까요?

4 나 안 할래 글 안미란

활동: 사슴, 너구리, 다람쥐가 술래잡기를 해요. 그런데 주먹밖에 낼 수 없는 사슴은 계속 술래만 도맡아 해요. 친구들은 사슴을 위해 새로운 가위바위보를 궁리합니다. 친구의 어려움을 이해해가는 따뜻한 마음을 만나 보세요.

5 꼬리 이모 나랑 놀자 글 박효미

활동: 꼬리 이모는 은별이가 가장 좋아하는 막내 이모예요. 그런데 어느 날 꼬리 이모가 못생긴 여우 씨와 결혼을 하고 말았어요. 은별이는 심통을 부리지만 은별이 마음을 아무도 몰라줘요. 이쯤 되면 꼬리 이모가 은별이 마음을 알아차릴 법도 한데……. 새로운 가족이 낯설기만 한 아이들에게 추천합니다.

전래 동화

 전래 동화는 예로부터 입에서 입으로 전해 내려오는 이야기입니다. 조상들은 재미있는 옛이야기를 통해 아이들에게 옳고 그른 것을 일러 주고, 잘못된 행동을 하면 벌을 받는다고 깨우쳐 주었습니다. 동물들이 말을 하거나 선녀, 용왕 등 현실에서는 볼 수 없는 인물들이 등장하는 것도 전래 동화의 큰 특징입니다.

 전래 동화 이렇게 읽어요!

- 등장인물들의 말과 행동을 살펴 성격을 파악합니다.
- 어떤 일이 일어나는지, 어떻게 해결되는지 알아봅니다.
- 옛날 사람들은 어떤 모습으로 살았는지 살펴봅니다.
- 이야기에서 얻을 수 있는 교훈을 생각합니다.
- 글을 읽고 나는 무엇을 느꼈는지 정리합니다.

호랑이를 잡은 반쪽이

옛날 옛적 어느 마을에 삼 형제가 살고 있었어요.

첫째와 둘째는 키가 크고 잘생겼는데 셋째는 좀 달랐어요.

얼굴도 반쪽, 몸도 반쪽이었거든요.

그래서 이름도 '반쪽이'라고 불렀어요.

반쪽이는 삼 형제 가운데 힘이 제일 셌어요.

"흥, 힘이 세 봤자 반쪽이인걸."

형들은 반쪽이를 무시하고 놀려 댔어요.

그러던 어느 날 무서운 호랑이가 나타나

마을 사람을 해치고, 소와 돼지를 물어 갔어요.

곳곳에 '호랑이를 잡는 사람에게 큰 상을 내리겠다.'는 방이 붙었지만

누구도 선뜻 호랑이를 잡겠다고 나서지 않았어요.

"내가 호랑이를 잡아 와야겠군."

방을 본 첫째가 호랑이를 잡겠다고 나섰어요.

첫째는 종일 산을 헤맸지만, 호랑이는 구경도 못 했어요.

이윽고 밤이 되었어요. 첫째는 산속 외딴집을 발견하고는

하룻밤 묵어가기를 청했어요.

집주인은 머리와 수염이 하얀 노인이었어요.

"호랑이를 잡으러 왔다고? 그냥 집으로 돌아가는 것이 좋을걸세."

"호랑이 정도는 한주먹에 때려눕힐 겁니다!"

첫째는 큰소리를 쳤지만, 이튿날 호랑이에게 물려 죽고 말았어요.

"제 주제에 감히 날 잡겠다고?"

노인은 껄껄 웃었어요. 노인이 바로 호랑이였던 것이지요.

한편, 며칠이 지나도 첫째가 돌아오지 않자 둘째가 나섰어요.

"내가 호랑이를 잡아 큰형의 원수를 갚겠어."

하지만 둘째도 첫째처럼 외딴집에 묵었다가 호랑이에게 잡아먹히고 말았어요.

"어리석은 녀석들 같으니라고!"

노인은 또 껄껄 웃었어요.

둘째마저 소식이 없자, 반쪽이가 나섰어요.

"내가 호랑이를 잡아 두 형의 원수를 갚고야 말겠어."

어느덧 밤이 되어 산을 헤매던 반쪽이도 외딴집에 묵게 되었어요.

"어르신, 저는 반쪽이라 구박을 받고 자라서 방에서는 잠을 못 잡니다."

"마음대로 하게나."

반쪽이가 마루 밑에서 잠을 청하려는데, 중얼거리는 소리가 들렸어요.

"반쪽이 주제에 나를 잡겠다고? 지난번 온 멀쩡한 녀석들도 못 잡은 나를?

하하, 난 이마 한가운데만 맞지 않으면 돼."

반쪽이는 노인이 호랑이인 걸 알아차리고 재빨리 마루 밑에서 나왔어요.

"호랑이 네 이놈, 내가 형들의 원수를 갚아 주마!"
노인은 금세 호랑이로 변해 달려들었어요.

엎치락뒤치락 반쪽이는 호랑이와 맞붙어 싸웠어요.
'맞아, 이마 한가운데만 치면 돼!'
반쪽이는 호랑이의 이마 한가운데를 주먹으로 세게 내리쳤어요.
"어어흐흐흥!"
호랑이는 그 자리에 픽 쓰러지고 말았어요.
반쪽이는 호랑이를 짊어지고 집으로 돌아왔어요.
사또는 약속한 대로 반쪽이에게
큰 상을 내렸지요.
반쪽이는 부모님을 모시고
오래오래 잘 살았답니다.

1. 셋째의 이름이 반쪽이가 된 까닭은 무엇인지 글에서 찾아 써 봅시다.

_____

2. 에서 등장인물이 한 말을 골라 빈칸에 번호를 써 봅시다.

> **보기**
> ㉠ 제 주제에 감히 날 잡겠다고?
> ㉡ 내가 호랑이를 잡아와야겠군.
> ㉢ 저는 구박을 받고 자라서 방에서는 못 잡니다.
> ㉣ 내가 호랑이를 잡아 큰형의 원수를 갚겠어.

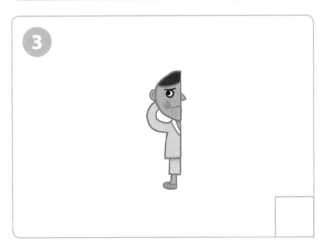

3. 반쪽이의 성격으로 맞지 <u>않는</u> 것은 무엇인가요?

　① 남의 집 마루 밑에서 자다니 예의가 없다.

　② 호랑이를 상대로 싸우다니 무척 용감하다.

　③ 구박만 받고 자랐지만 착하고 씩씩하다.

　④ 노인의 혼잣말을 듣고 정체를 알아챌 정도로 눈치가 빠르다.

4. 글의 내용과 맞으면 ○표에, 다르면 ×표에 색칠해 봅시다.

- 반쪽에는 생김새 때문에 그 이름이 붙었다. 　○ ×
- 반쪽이는 첫째 둘째 형과 함께 돌아왔다. 　○ ×
- 호랑이는 변신술을 할 수 있다. 　○ ×
- 반쪽이는 호랑이의 약점을 알아냈다. 　○ ×

5. 반쪽이는 호랑이를 물리치기 위해 어떻게 했나요?

- 호랑이의 이마 [　　　　　　　] 를 [　　　　] 으로 세게 내리쳤어요.

6. 이 이야기에서 얻을 수 있는 가르침은 무엇인지 빈칸에 알맞은 말을 써 봅시다.

- [　　　　　] 만으로 사람을 판단해서는 안 된다.

송아지와 바꾼 무

옛날 어느 마을에 아주 부지런한 농부가 살고 있었어요.

어느 가을날 농부는 밭에서 무를 뽑고 있었어요.

잘 자란 무가 쑥쑥 뽑혀 쌓이기 시작했어요.

그런데 어느 한 무가 쉽게 뽑히지 않았어요.

"이상하다. 이 무는 왜 쉽게 안 뽑히지?"

농부가 젖 먹던 힘까지 다해 잡아당기니까 무가 쑥 빠졌어요.

그런데 무가 어찌나 큰지 크기가 농부만 했어요.

"우아, 이렇게 커다란 무는 처음 보는걸.

이런 신기한 무는 우리 사또께 바쳐야겠다."

농부는 커다란 무를 들고 사또에게 갔습니다.

"사또, 제가 무 농사를 수십 년 지어 보았지만 이렇게 커다란 무는 처음 봅니다.

이 무를 드릴 테니 받아 주십시오."

"네 정성이 참으로 고맙구나. 이렇게 커다란 무는 나도 처음이다.

귀한 것을 받았으니 나도 무엇인가 보답을 해야지.

이방, 요즈음 들어온 것 중에서 좋은 것이 있느냐?

"사또, 마침 송아지가 한 마리 있습니다요."

"그래, 그러면 그 송아지를 농부에게 주도록 해라."

송아지를 받은 농부는 싱글벙글하며 집으로 돌아왔어요.

농부가 무 하나로 송아지를 얻었다는 소문은

동네방네 퍼져 나갔습니다.

이웃에 사는 욕심쟁이 농부는

무척이나 샘이 났습니다.

'무 하나로 송아지를 받았으니, 송아지를 바치면

더 큰 것을 받겠지. 못해도 금덩이는 받을 거야.'

이튿날, 욕심쟁이 농부는 송아지를 끌고 사또에게 갔습니다.

"사또, 제가 소를 많이 키워 보았지만 이렇게 건강한 송아지는 처음 봅니다.

이 송아지를 사또께 바치고 싶습니다."

사또는 다시 이방을 불렀습니다.

"이방, 이 착한 농부에게 보답해야겠는데,

요즈음 들어온 것 중에서 귀한 것이 없겠느냐?"

"며칠 전에 들어온 커다란 무가 있습니다."

"옳지! 그 무를 주면 되겠구나. 아주 진귀한 물건이니까."

욕심쟁이 농부는 한숨을 쉬며 커다란 무를 끌고 돌아왔답니다.

1. 이 이야기의 제목 '송아지와 바꾼 무'에 어울리는 무는 어떤 무일까요?

① 송아지처럼 우는 소리를 내는 무

② 송아지만큼 커다란 무

③ 송아지보다 더 작은 무

④ 송아지보다 비싼 무

2. 부지런한 농부와 욕심쟁이 농부가 각각 사또에게 바친 것과 받은 것을 정리해 봅시다.

• 부지런한 농부는 [   ] 를 바치고 [   ] 를 얻었습니다.

• 욕심쟁이 농부는 [   ] 를 바치고 [   ] 를 얻었습니다.

3. 등장인물과 그 성격을 선으로 이어 봅시다.

 •

• 좋은 것을 나누려 합니다.

 •

• 더 큰 선물을 받을 생각으로 선물을 합니다.

 •

• 보답을 하려고 합니다.

4. 이야기를 순서대로 정리해 봅시다.

> ㉠ 사또가 송아지를 주었습니다.
> ㉡ 농부가 커다란 무를 사또에게 바쳤습니다.
> ㉢ 욕심꾸러기 농부가 송아지를 바쳤습니다.
> ㉣ 마을 사람들이 부러워하였습니다.
> ㉤ 욕심꾸러기 농부가 무를 받고 실망했습니다.

㉡ → ☐ → ☐ → ☐ → ☐

5. 이 이야기에 나오는 욕심쟁이 농부와 성격이 <u>다른</u> 사람은 누구인가요?

① 자기 혹을 떼려다 남의 혹까지 붙이게 된 욕심쟁이 혹부리 할아버지

② 제비 다리를 일부러 부러뜨렸다가 고쳐 주고 박씨를 얻은 놀부

③ 쇠도끼를 잃어버렸으면서 산신령에게 금도끼를 자기 도끼라고 한 나무꾼

④ 깨진 독인 줄도 모르고 열심히 물을 길어 붓는 콩쥐

6. 전래 동화의 특징이 <u>아닌</u> 것을 골라 봅시다.

① 주로 '옛날 옛적 어느 마을에'로 시작한다.

② 훌륭한 업적을 남긴 주인공의 일생을 소개한다.

③ 우리 조상들의 지혜와 재치를 느낄 수 있다.

④ 착한 사람은 복을 받고, 나쁜 사람은 벌을 받는다.

1 한 권으로 읽는 교과서 전래 동화

활동: 초등학교 교과서에 실린 우리나라 대표 전래 동화 36편이 실려 있어요. 〈이야기 귀신〉, 〈떡시루 잡기〉 〈방귀쟁이 며느리〉, 〈도깨비방망이〉, 〈별주부전〉, 〈나무꾼과 선녀〉, 〈볍씨 한 톨〉, 〈호랑이와 나그네〉, 〈훈장님의 꿀단지〉, 〈호랑이와 곶감〉, 〈혹부리 영감〉, 〈오시오, 자시오, 가시오〉, 〈방귀 시합〉 등 웃음과 감동으로 재미를 주는 이야기를 읽고 우리 조상들의 지혜를 배워 보세요.

2 귀신 도깨비 내 친구

활동: 아이들이 무서워하면서도 좋아하는 귀신, 도깨비, 여우 등이 나오는 우리나라와 중국의 잘 알려지지 않은 옛이야기가 실려 있어요. 무서운 귀신이나 도깨비도 얼마든지 물리칠 수 있는 용기와 지혜를 얻을 수 있답니다.

3 은표주박 하나 주워서 글 임정자

활동: 도깨비방망이 말고도 신기한 물건이 더 있어요. 대장 도깨비가 도깨비 보물인 은표주박을 쓱쓱 문지르며 노래를 부르면, 그 안에서 우르르 일도깨비들이 나와서는 쉼 없이 맡은 일을 척척 해낸대요. 우연히 은표주박을 주운 욕심쟁이. 신기한 보물인 은표주박을 순순히 도깨비에게 돌려줄 리 없죠. 그렇다고 은표주박을 나 몰라라 할 도깨비도 아니고……. 욕심쟁이는 어떻게 될까요?

4 하늘을 나는 조끼 글 엄혜숙

활동: 못된 새어머니 때문에 집에서 쫓겨난 총각이 우연히 하늘을 나는 조끼를 얻게 되었어요. 조끼를 입고 단추를 채우기만 하면 하늘을 마음껏 날아다닐 수 있다는데……. 총각에게는 앞으로 어떤 일이 벌어질까요?

5 깔깔 옛이야기 글 서정오

활동: 옛이야기에는 그 나라 백성들의 생활 모습이 고스란히 담겨 있지요. 해학 가득한 '우스운 이야기', 허풍과 내기로 뻥 튀겨진 '엉터리 이야기', 약자의 편에서 백성들의 마음을 풀어 주는 '놀리는 이야기'를 구수한 우리 입말로 들려줍니다. 우리 조상들의 슬기와 지혜도 함께 느껴 보세요.

우화

우화는 동식물이나 기타 사물이 주인공으로 나오는
이야기입니다. 실제와는 다르게 우화 속에서 이들은
사람처럼 말하고 행동합니다. 옳고 그른 것을 알려
주거나 지혜를 담고 있는 경우가 많아 읽는 사람들에
게 교훈을 줍니다.

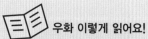
우화 이렇게 읽어요!

- 등장인물의 말과 행동을 살펴 성격을 알아봅니다.
- 어떤 일이 일어나는지 알아봅니다.
- 문제를 어떻게 해결하는지 알아봅니다.
- 어떤 교훈을 주는지 생각합니다.

아기 양과 늑대

산속에서 아기 양이 혼자서 집으로 향해 가고 있었습니다.

"혼자 있으면 위험해. 서둘러 가야겠다."

그때 뒤에서 갑자기 부르는 소리가 들렸어요.

"어이, 귀여운 아기 양아!"

아기 양이 깜짝 놀라 뒤를 돌아보았더니,

커다랗고 무시무시한 늑대 한 마리가 군침을 흘리며

다가오는 게 아니겠어요?

"악, 늑대다!"

아기 양은 너무 놀라 그만 자리에 주저앉아 버렸어요.

늑대는 배시시 웃으며 아기 양에게 다가왔어요.

"에헤헤, 너 참 오동통하구나. 내가 오늘 온종일 아무것도 못 먹어서

곧 쓰러질 것 같은데 말이지. 너를 잡아먹어서 배를 채워야겠다."

아기 양은 무서움에 온몸이 와들와들 떨렸어요.
하지만 간신히 용기를 내어 불쌍한 표정을 지었습니다.
"흑흑! 늑대 아저씨, 저는 이제 아저씨의 저녁밥이
되겠군요. 그 전에 제 소원 한 가지만 들어주세요."
"흠, 좋다. 네 소원이 뭐냐?"
"마지막으로 한 번만 실컷 춤을 추고 싶어요."
"하하하, 요 녀석 어디서 잔꾀를 부려? 나를 속이고
도망치려는 걸 누가 모를 줄 알고? 게다가 나는 지금
너무나 배가 고파서 네 춤을 보면서 기다릴 수도 없단 말이다."
늑대는 큰 입을 벌려 날카로운 이빨을 드러냈어요.

아기 양은 소름이 끼쳤지만 서둘러 말했습니다.

"아니에요! 아니에요! 제가 어떻게 도망을 치겠어요? 저는 늑대 아저씨보다

느리고 힘도 약한데. 도망쳐도 잡힐 게 뻔하잖아요? 단지 아저씨께서 음악과

춤을 즐기고 나서 더 맛있게 식사를 하시라고 말씀드린 것뿐이랍니다."

아기 양은 늑대가 감동하도록 열심히 이야기했습니다.

그러자 늑대는 한참을 생각하더니 피리를 꺼냈습니다.

"좋아, 그럼 내 피리 연주에 맞춰 춤을 춰 보아라."

늑대는 신이 나서 피리를 불었습니다.

아기 양은 피리 소리에 맞춰 온몸을 흔들며 춤을 추기 시작했습니다.

또 큰 소리로 노래도 불렀습니다.

마침 아기 양을 애타게 찾고 있던 양치기가 그 소리를 들었습니다.

"어, 우리 아기 양 노랫소리잖아!"

양치기는 아기 양과 늑대가 함께 있는 것을 보고 깜짝 놀랐습니다.

그리고 커다란 몽둥이로 늑대를 두들겼습니다.

"아이고 분해. 내가 스스로 양치기를 불러들이다니!"

늑대는 몽둥이찜질을 당하며 눈물을 흘렸지만

이미 때는 늦었습니다.

1. 등장인물을 넣어 제목을 지어 봅시다.

- ☐☐ ☐ 과 ☐☐

2. 이야기를 순서대로 정리했습니다. 보기 에서 알맞은 낱말을 찾아 빈칸에 써 봅시다.

> 보기 눈물   휘파람   숙제   피리   소원   양치기   엄마   양   콧물

- 늑대가 아기 양을 잡아먹으려 했어요.

- 아기 양이 늑대에게 ☐☐ (을)를 말했어요.

- 늑대는 ☐☐ (을)를 불었어요.

- 아기 양이 피리 소리에 맞추어 춤을 추고 노래를 불렀어요.

- ☐☐☐ (이)가 노랫소리를 듣고 나타나 늑대를 혼내 주었습니다.

- 늑대는 몽둥이찜질을 당하며 ☐☐ 을 흘렸습니다.

3. 이야기와 맞는 내용에는 ○표를, 다른 내용에는 ×표를 해 봅시다.

늑대는 아기 양과 친하다.	아기 양은 늑대를 무서워한다.	늑대는 피리를 분 것을 후회한다.	아기 양은 춤을 춰서 행복하다.
☐	☐	☐	☐

4. 다음 내용이 누구와 관련이 있는지 해당하는 번호를 <u>모두</u> 써 봅시다.

> ㉠ 혼자 산속을 헤매고 있었습니다.
> ㉡ 아무것도 못 먹어서 쓰러질 것 같았습니다.
> ㉢ 피리 소리와 아기 양의 노랫소리를 들었습니다.
> ㉣ 커다란 몽둥이로 늑대를 때렸습니다.
> ㉤ 온몸을 흔들며 춤을 추었습니다.
> ㉥ 신이 나서 피리를 불었습니다.

5. 이야기의 내용을 잘 나타낸 속담을 골라 봅시다.

① 호랑이는 죽어서 가죽을 남기고 사람은 죽어서 이름을 남긴다.

② 호랑이 없는 산에는 토끼가 왕이다.

③ 호랑이에게 물려가도 정신만 차리면 산다.

④ 하룻강아지 호랑이 무서운 줄 모른다.

해와 바람

어느 날 바람이 해에게 으스대며 말했어요.

"난 세상에서 가장 힘이 세. 나무도 뽑아 버리고 집도 날려 버리지."

그러자 해가 부드럽게 말했어요.

"하지만 힘보다 더 센 것도 있는 법이야."

"흥, 누구의 힘이 더 센지 시합을 해 보는 게 어때?

저 나그네의 외투를 벗기면 이기는 거야."

바람은 한껏 힘을 모아 입김을 불었어요.

후우우우우!

그러자 나그네는 외투를 벗기는커녕 옷깃을 세우고 몸을 잔뜩 움츠렸어요.

"앗, 추워! 갑자기 웬 바람이지?"

그걸 본 바람은 더욱 세차게 입김을 불었어요.

휘이이이잉!

하지만 바람이 세게 불면 불수록 나그네는 외투를
더 단단히 여몄지요.

바람은 그만 지쳐 버리고 말았어요.

더 이상 입김을 불 힘도 남아 있지 않았거든요.

"이젠 내 차례구나."

해가 따스한 햇볕을 비추기 시작했어요.

"오늘따라 날씨가 왜 이럴까? 이젠 해가 나왔네."

나그네는 하늘을 바라보더니 어깨를 활짝 폈어요.

해는 계속해서 따사로운 햇살을 내리비추었어요.

"후유! 덥다, 더워."

나그네는 땀을 닦으며 꼭꼭 싸맨 외투의 단추를

하나둘 풀었어요.

"오! 정말 더운 날이야. 더 이상은 못 참겠다."

나그네는 걸음을 멈추더니 외투를 훌훌 벗었어요.

그 모습을 내려다보던 해가 바람에게 말했어요.

"바람아, 어때? 내가 너보다 세지?"

힘만 믿고 으스대던 바람은 부끄러워서 어쩔 줄 몰랐어요.

바람은 결국 아무 말도 못 하고 주뼛거리다가

산 너머로 휘이이이잉 달아났답니다.

1. 등장인물에 대한 설명으로 맞는 것에는 ○표를, 다른 것에는 ×표를 해 봅시다.

바람은	자기 힘을 뽐내고 싶어 했다.	
	나그네를 시원하게 해 주고 싶어 했다.	
	자신의 바람이 나그네의 외투를 벗길 수 있다고 생각했다.	

해는	나그네와 짜고 바람을 속였다.	
	힘이 제일이라고 생각하지 않는다.	
	해는 바람이 잘못 생각한 것을 가르쳐 주었다.	

2. 해와 바람이 내기를 한 이유는 무엇인가요?

① 서로 많이 먹으려고

② 나그네를 도와주기 위해서

③ 누가 더 센지 알아보기 위해서

④ 나그네가 화를 내서

3. 친구들을 해와 바람에 비유해 써 봅시다.

- 현우는 힘으로 모든 걸 해결하려고 해.   바람

- 유현이는 다정하게 말해서 동생을 스스로 움직이게 만들어.

- 준휘는 자기 힘만 믿고 으스대다가 반장 선거에서 떨어졌어.

- 승아는 지혜롭게 편지를 써서 지훈이의 사과를 받았어.

4. 나그네의 외투를 벗기기 위해서 어떻게 했는지 간단하게 써 봅시다.

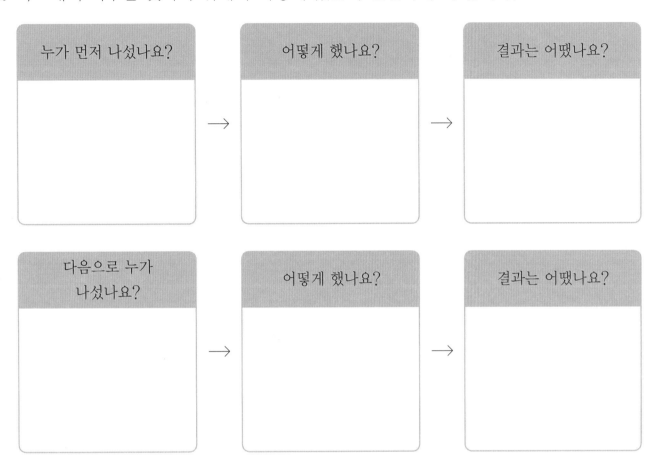

누가 먼저 나섰나요?	→	어떻게 했나요?	→	결과는 어땠나요?

다음으로 누가 나섰나요?	→	어떻게 했나요?	→	결과는 어땠나요?

5. 바람의 힘으로 나그네의 외투를 벗기지 <u>못한</u> 이유는 무엇인가요?

① 바람이 약해서

② 외투가 너무 두꺼운 것이어서

③ 너무 추워서

④ 외투가 좋은 것이어서

6. 이야기가 담고 있는 교훈으로 알맞은 것을 골라 봅시다.

① 함부로 내기를 하면 안 된다.

② 힘보다는 따뜻함으로 사람을 움직일 수 있다.

③ 힘이 세다고 사람을 괴롭히면 안 된다.

④ 날씨를 잘 알아보고 다녀야 한다.

1 | 한 권으로 읽는 이솝 이야기

활동: 오랜 세월을 거쳐 세계 어린이들에게 사랑받아 온 이솝 이야기는 단순한 옛날이야기가 아니라 삶의 지혜와 심오한 교훈이 가득 담겨 있는 이야기입니다. 지혜로 고난을 헤쳐 나가는 이야기를 비롯해 어리석음을 꼬집는 이야기, 유머로 위선을 꼬집는 이야기, 깨달음을 알게 해 주는 이야기 등 50편의 이야기를 담았습니다.

2 | 한 권으로 읽는 탈무드 이야기

활동: 탈무드는 오랜 역사 속에 전해 내려온 유대인의 율법, 전통, 역사, 철학 등 문화유산과 정신이 들어 있는 지혜의 보물창고입니다. 어려운 상황을 지혜로 해결하는 이야기, 위선을 꼬집는 유머로 교훈을 주는 이야기, 잔잔한 감동을 주는 이야기 등 50편의 이야기를 담았습니다.

3 | 이솝우화보다 재미있는 세계 100대 우화

활동: 세계 여러 나라의 우화 중 가장 재미있고 어린이들이 이해하기 쉬운 우화 100가지를 엮었습니다. 프랑스 라퐁텐 우화, 독일 레싱 우화, 러시아 크릴로프·톨스토이 우화 등 다양한 우화를 통해 교훈을 얻고 생각하는 힘을 키울 수 있습니다.

4 | 준치 가시 글 백석

활동: 가시 없던 물고기 준치는 다른 물고기들의 가시를 부러워하다가 이웃 물고기들에게 가시를 꽂아 달라고 부탁합니다. 이웃들은 '아름다운 마음'으로 준치에게 가시를 꽂아 주는데……. 이제 그만 주어도 되는데 멈추지 않는 이웃들. 준치는 어떻게 될까요?

명작 동화

 명작 동화는 재미와 감동, 교훈이 있어 세계 여러 나라 어린이들이 가장 많이 읽는 유명한 이야기를 말합니다. 우리나라 전래 동화처럼 전해져 내려온 이야기도 있고, 작가가 새롭게 쓴 이야기도 있습니다. 나라마다 다른 문화도 이야기를 통해 알 수 있습니다.

 명작 동화 이렇게 읽어요!

- 제목을 읽고 어떤 이야기일지 상상합니다.
- 등장인물의 말과 행동을 살펴 성격을 알아봅니다.
- 어떤 일이 일어나는지, 어떻게 해결되는지 알아봅니다.
- 글을 읽고 나는 무엇을 느꼈는지 정리합니다.

장난감 병정

장난감 병정 스물다섯 개가 있었어요.

하나같이 멋진 군복을 입고 어깨에 총을 메고 있었지요.

병정들은 소년의 생일 선물로 와서 책상 위에 가지런히 놓였어요.

다른 스물네 개의 병정은 똑같이 생겼는데

마지막 하나는 다리가 하나뿐인 외다리 병정이었어요.

주석이 모자라서 그렇게 된 것이지요.

소년의 방에는 종이로 만든 예쁜 성도 있었어요.

거울로 된 호수 위에는 밀랍으로 만든 백조들이 떠 있었고,

성 앞에는 예쁜 종이 무용수가 한쪽 다리로 서 있었어요.

무용수가 다리 하나를 들고 서 있다는 걸 몰랐던

외다리 병정은 무용수도 자기처럼 다리가 하나라고 생각했어요.

외다리 병정은 무용수를 깊이 사랑하게 되었어요.

어느 날 소년은 외다리 병정을 창가에 올려 두었어요.

그런데 바람이 휙 불면서 병정이 길거리로 굴러떨어지고 말았지요.

"와, 저기 장난감 병정이 있어. 배에 띄워 보내자."

동네 아이들은 외다리 병정을 종이배에 태워

도랑에 띄워 보냈어요.

병정은 종이배를 타고 멀리멀리 흘러갔어요.

겁이 나서 온몸이 부르르 떨렸지만

표정 하나 찡그리지 않고 꿋꿋하게 견뎠어요.

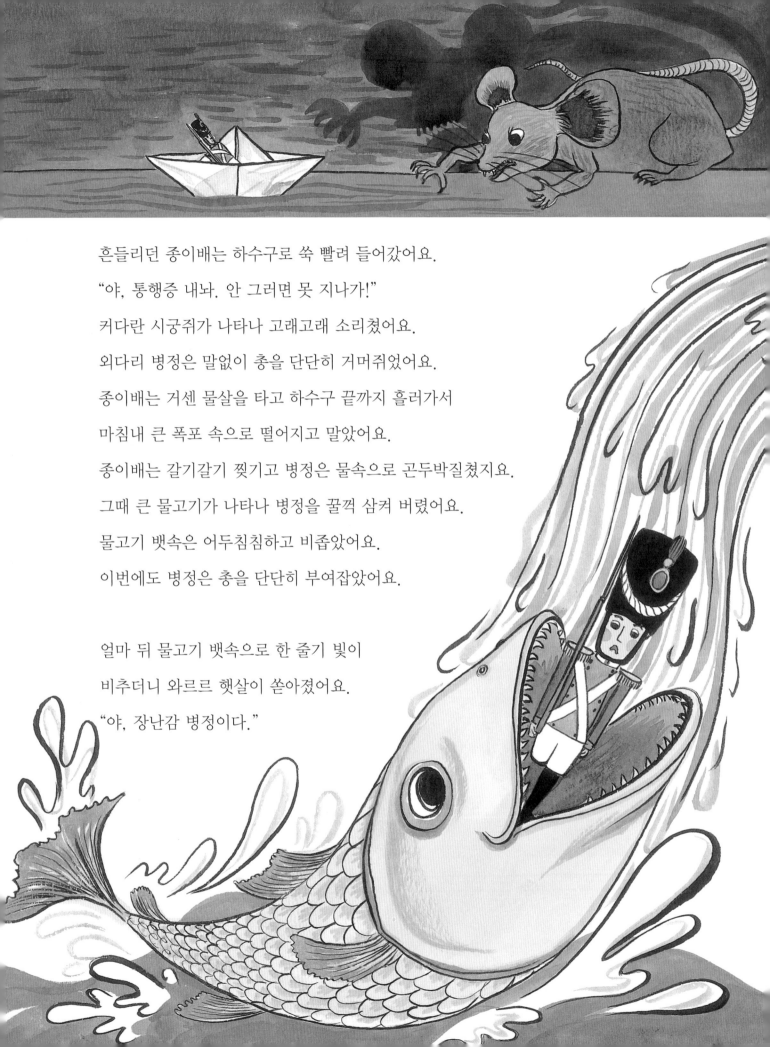

흔들리던 종이배는 하수구로 쑥 빨려 들어갔어요.

"야, 통행증 내놔. 안 그러면 못 지나가!"

커다란 시궁쥐가 나타나 고래고래 소리쳤어요.

외다리 병정은 말없이 총을 단단히 거머쥐었어요.

종이배는 거센 물살을 타고 하수구 끝까지 흘러가서

마침내 큰 폭포 속으로 떨어지고 말았어요.

종이배는 갈기갈기 찢기고 병정은 물속으로 곤두박질쳤지요.

그때 큰 물고기가 나타나 병정을 꿀꺽 삼켜 버렸어요.

물고기 뱃속은 어두침침하고 비좁았어요.

이번에도 병정은 총을 단단히 부여잡았어요.

얼마 뒤 물고기 뱃속으로 한 줄기 빛이

비추더니 와르르 햇살이 쏟아졌어요.

"야, 장난감 병정이다."

아이들은 물고기 뱃속을 여행하고 온 외다리 병정을 보려고 몰려들었어요.

아이들은 외다리 병정을 다시 책상 위에 올려놓았어요.

다른 병정 친구들도, 성도, 무용수도 그대로였어요.

병정은 반가워 눈물이 날 것 같았지만 꾹 참았어요.

외다리 병정과 무용수는 말없이 서로를 바라보고 있었지요.

그런데 갑자기 한 아이가 외다리 병정을 활활 타오르는 벽난로 속으로

던져 버렸어요. 성난 불길이 병정을 집어삼켰지요.

병정의 몸은 사르르 녹아내리고 눈에서는 뜨거운 눈물이 흘러내렸어요.

그때 방문이 휙 열리더니 바람이 무용수를 덮쳤어요.

무용수는 공기 요정처럼 날아서 병정 옆에 떨어졌어요.

그러고는 이글이글 불꽃 속으로 사라졌지요.

이튿날 난로에는 재와 함께

하트 모양 쇳덩이만 덩그러니

남아 있었답니다.

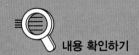

1. 이 이야기의 주인공은 누구인가요?

① 장난감 병정들 　　　② 무용수 　　　③ 외다리 병정 　　　④ 시궁쥐

2. 주인공이 무용수를 사랑하게 된 까닭을 골라 봅시다.

① 멋진 성에 살고 있어서

② 자기처럼 다리가 하나뿐이라고 생각해서

③ 아름다운 옷을 입고 있어서

④ 장난감 중에서 제일 예쁘게 생겨서

3. 보기 에서 주인공이 소년의 방으로 다시 돌아오기까지 이동한 장소를 찾아 순서대로 정리해 봅시다.

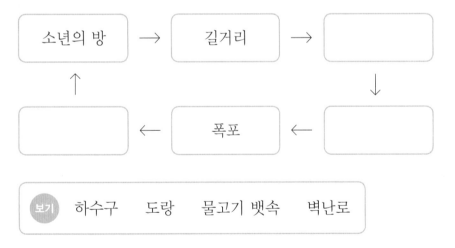

4. 이야기와 맞지 않는 내용을 골라 봅시다.

① 외다리 병정은 무용수를 사랑했다.

② 외다리 병정은 용감해 보이려고 벽난로 불 속으로 뛰어들었다.

③ 무용수는 외다리 병정이 자기를 좋아하는지 몰랐다.

④ 무용수도 외다리 병정과 같이 불에 탔다.

5. 만들어진 재료를 설명하는 낱말을 이야기에서 찾아 써 봅시다.

1) 녹이 슬지 않는 은백색의 금속.

• 외다리 병정은 [　　] 이 모자라서 다리가 하나뿐이에요.

2) 벌집을 만들기 위해 꿀벌이 내는 누런빛의 물질로 그대로 두면 단단해짐.

• 호수 위에는 [　　] 으로 만든 백조들이 떠 있었어요.

3) 식물성 섬유로 만든 얇은 물건으로 글을 쓰거나 그림을 그릴 때 씀.

• 아이들은 외다리 병정을 [　　] 배에 태워 도랑에 띄웠어요.

6. 이야기를 읽고 느낌을 정리했어요. 빈칸에 알맞은 말을 써 봅시다.

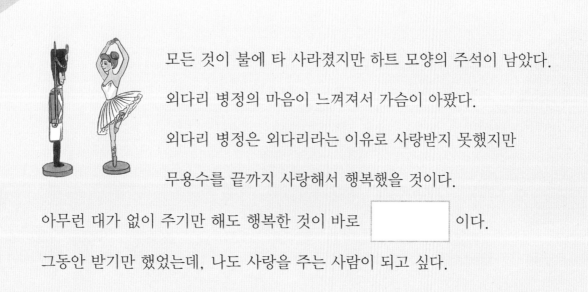

모든 것이 불에 타 사라졌지만 하트 모양의 주석이 남았다.

외다리 병정의 마음이 느껴져서 가슴이 아팠다.

외다리 병정은 외다리라는 이유로 사랑받지 못했지만

무용수를 끝까지 사랑해서 행복했을 것이다.

아무런 대가 없이 주기만 해도 행복한 것이 바로 [　　] 이다.

그동안 받기만 했었는데, 나도 사랑을 주는 사람이 되고 싶다.

거인의 정원

어느 거인의 집에 크고 아름다운 정원이 있었습니다.

예쁜 꽃이 가득하고 나뭇가지마다 맛있는 과일도 주렁주렁 열려

동네 아이들은 이 정원을 무척 좋아했습니다.

어느 해 겨울, 7년 동안이나 집을 비웠던 거인이 돌아왔습니다.

그런데 집에 돌아와 보니 동네 아이들이 자기 집 정원에서

마음대로 뛰어놀고 있는 게 아니겠어요?

거인은 화가 났습니다.

"당장 나가! 감히 내 정원에서 놀아? 이건 내 거야, 내 거라고!"

거인은 소리를 질러 아이들을 모두 쫓아내고

높다란 담을 쌓아 아무도 들어오지 못하게 했습니다.

누구든지 들어오면 혼내 주겠다는 경고판도 세웠습니다.

이제 거인의 정원에는 아무도 들어갈 수 없었습니다.

날마다 눈만 쌓일 뿐이었습니다.

아이들은 그곳을 지날 때마다 아쉬운 마음으로

정원의 높은 담만 쳐다보았습니다.

시간이 흘러 어느새 봄이 찾아왔습니다.

그런데 이상하게도 거인의 정원만은 여전히 겨울이었습니다.

봄이면 정원에 가득했던 꽃도 피지 않았고

새 한 마리 찾아오지 않았습니다.

거인의 집에는 매일 찬바람이 불고

눈보라가 휘몰아칠 뿐이었습니다.

"왜 봄이 오지 않는 거지?"

거인이 아무리 기다려도 봄은 오지 않았습니다.

봄이 오지 않으니 여름도 가을도 없었습니다.

오직 겨울만이 정원에 남았습니다.

거인은 눈물이 날 만큼 쓸쓸하고 무서웠습니다.

그러던 어느 날 아침이었습니다.

어디선가 아름다운 노랫소리가 들렸습니다.

거인은 침대에서 벌떡 일어나 소리가 나는

창밖을 내다보았습니다.

이게 어떻게 된 일일까요?

동네 아이들이 나무에 올라가 웃으며 놀고 있는 게 아니겠어요?

아이들은 정원의 높은 담에 난 구멍으로 들어온 것이었습니다.

금세 나무들도 앞다투어 싹을 피우기 시작했습니다.

잔디도 파릇파릇 돋아나기 시작했고,

꽃들도 알록달록한 꽃망울을 터트렸습니다.

그 위로 새들이 날아다니며 노래를 불렀습니다.

드디어 기다리고 기다리던 봄이 찾아온 것입니다.

거인은 눈물을 흘렸습니다.

"내가 어리석었어! 나의 욕심 때문에 봄이 오지 않았던 거야.

당장 담을 부수고 이 정원을 아이들의 놀이터로 만들겠어."

거인은 쿵쿵 소리를 내며 부리나케 정원으로 달려나갔습니다.

그러자 아이들은 거인이 혼내러 오는 줄 알고 도망치려 했습니다.

거인은 서둘러 말했습니다.

"애들아, 가지 말고 내 말을 들어주렴. 그동안 내가 잘못했어.

이 정원은 이제 너희의 정원이란다."

거인은 커다란 도끼로 담을 무너뜨렸습니다.

아이들은 활짝 웃으며 거인에게 달려왔습니다.

거인은 아이들을 꼭 안아 주며 말했습니다.

"세상에 아름다운 꽃이 많지만, 그중에서 가장 아름다운 꽃은 바로 아이들이야."

1. 다음 글에 나타난 거인의 성격이 <u>아닌</u> 것은 무엇인가요?

> 거인은 소리를 질러 아이들을 모두 쫓아내고 높다란 담을 쌓아
> 아무도 들어 오지 못하게 했습니다. 누구든지 들어오면 혼내 주겠다는
> 경고판도 세웠습니다.

① 아이들을 싫어한다.
② 이기적이다.
③ 용감하다.
④ 화를 잘 낸다.

2. 거인의 마음은 어떻게 변해갔는지 순서대로 번호를 써 봅시다.

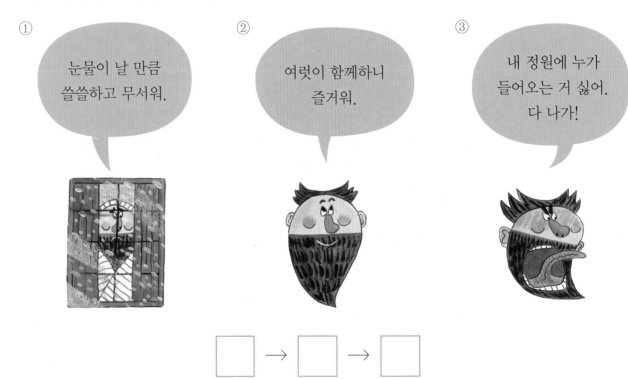

58

3. 내용을 잘 생각하며 빈칸에 알맞은 말을 본문에서 찾아 써 봅시다.

- 아이들을 쫓아내자 거인의 정원은 ⬚ 만 계속되었다.

- 거인은 높은 담을 쌓았지만 아이들은 담에 난 ⬚ 으로 들어왔다.

- 아이들이 정원에서 놀게 되자, 거인의 정원에는 다시 따뜻한 ⬚ 이 왔다.

- 거인의 정원은 아이들의 ⬚ 가 되었다.

- 거인은 세상에서 가장 아름다운 꽃을 ⬚ 이라고 생각하게 되었다.

4. 이 이야기의 내용을 가장 잘 말한 친구는 누구인가요?

① 겨울과 봄, 두 계절이
힘겨루기를 하는 이야기야.

② 다른 사람의 정원에 함부로
들어가면 혼난다는 이야기야.

③ 자기만 알던 거인이 어리석음을 깨닫고
함께 어울려 살게 되는 이야기지.

④ 어른과 아이들의
싸움에 대한 이야기야.

1 이상한 나라의 앨리스 글 루이스 캐럴

활동: 꿈 많고 호기심 가득한 소녀 앨리스가 어느 날 이상한 나라로 가서 모험을 하게 돼요. 말하는 토끼와 카드 병사들, 무서운 여왕까지. 앨리스의 모험은 어떻게 시작되어 어떻게 끝나게 될까요?

2 플랜더스의 개 글 위다

활동: 마음씨 착한 소년 네로가 파트라슈라는 개와 함께 살아가는 이야기입니다. 화가의 꿈을 가진 네로는 열심히 그림을 그리면서 알로아와 다정하게 지내는데 알로아의 아버지는 가난한 네로를 못마땅해 해요. 전람회에 정성껏 그린 그림을 출품하지만 아쉽게 탈락한 네로는 추운 겨울날 갈 곳을 잃게 되는데…….

3 오즈의 마법사 글 L. 프랭크 바움

활동: 외딴 시골집에 사는 소녀 도로시는 회오리바람에 휘말려 이상한 나라 오즈로 가게 됩니다. 다시 집으로 돌아가기 위해 마법사를 찾아가야 해요. 용기와 희망을 품은 도로시의 신나는 모험, 오즈의 마법사를 찾아서 함께 출발!

4 톰 소여의 모험 글 마크 트웨인

활동: 톰은 부모를 잃고 동생과 함께 이모네 집에 살아요. 학교 가기를 싫어하는 개구쟁이 톰은 허클베리 핀과 어울려 엄청난 모험에 휘말리게 되지요. 개구쟁이 톰의 모험에 함께하는 건 어떨까요?

5 크리스마스 캐럴 글 찰스 디킨스

활동: 구두쇠 스크루지를 아세요? 돈밖에 모르고 사람의 마음은 조금도 생각하지 않는 지독한 구두쇠 스크루지는 어느 날 죽은 친구의 유령을 만나 여행을 하게 됩니다. 자신의 과거, 현재, 그리고 미래의 모습까지 보게 된 스크루지는 어떤 선택을 하게 될까요? 가슴 따뜻한 크리스마스의 기적을 만나 보세요.

동시

 동시는 어린이가 짓거나 어른이 어린이를 독자로 생각하고 어린이의 정서를 노래하듯이 표현한 글입니다. 아름다운 말, 재미있는 말로 느낌을 나타냅니다. 동시에는 연과 행이 있고, 운율과 감정이 있습니다. 길이는 크게 중요하지 않아요.

 동시 이렇게 읽어요!

- 리듬을 살려 소리 내어 읽습니다.
- 동시의 글감이 무엇인지 생각합니다.
- 동시의 중심 생각이 무엇인지 찾아봅니다.
- 반복되는 말이나 재미있는 표현을 찾으며 운율을 느낍니다.
- 읽고 난 느낌을 말로 표현해 봅니다.

포도

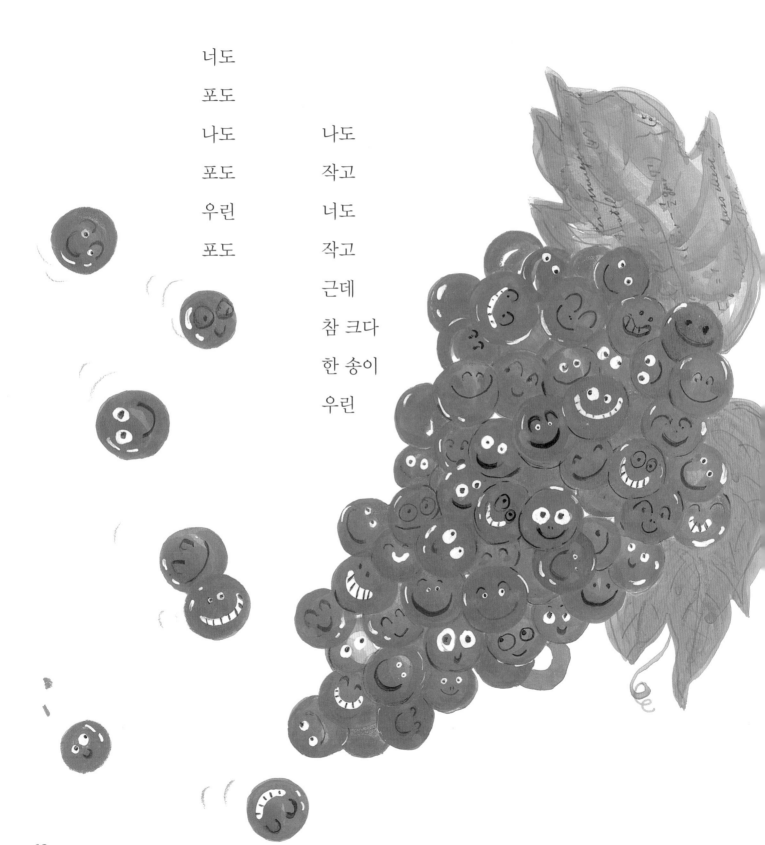

너도
포도
나도   나도
포도   작고
우린   너도
포도   작고
          근데
          참 크다
          한 송이
          우린

1. '포도'를 읽고 반복되는 말을 <u>모두</u> 골라 봅시다.

_____

2. 친구들이 '포도'를 읽은 느낌을 말하고 있어요. <u>잘못</u> 말한 것을 골라 봅시다.

①  반복되는 말이 있어 재미있네.

②  포도밭에 갔다가 포도를 보고
지은 시일지도 몰라.

③  나랑 친구랑 포도알이 된 것 같아.

④  내가 너보다 더 크다고
자랑하는 것 같아.

3. 이 시의 내용과 비슷한 속담을 골라 봅시다.

① 고양이 목에 방울 달기.
② 개구리 올챙이 적 생각 못 한다.
③ 자라 보고 놀란 가슴 솥뚜껑 보고 놀란다.
④ 티끌 모아 태산.

도라지꽃

햇살이 슬쩍
바람이 쓰윽

간지럼 참느라
빵빵 부푼 볼

푸
풋

터진다, 터진다
보랏빛 웃음보

1. 이 시를 읽고 떠오르는 모습이 <u>아닌</u> 것을 골라 봅시다.

① 바람이 부는 모습　　② 밝게 웃는 모습　　③ 도라지를 먹는 모습　　④ 꽃이 피는 모습

2. 동시 '도라지꽃'의 빈칸을 채우며 행과 연을 알아봅시다.

도라지꽃

1연	햇살이 슬쩍	1행
	바람이 쓰윽	2행
연	간지럼 참느라	행
	빵빵 부푼 볼	행
3연	풉	5행
	풋	행
연	터진다, 터진다	행
	보랏빛 웃음보	8행

3. 이 시에 대한 느낌을 <u>잘못</u> 말한 것을 골라 봅시다.

① 꽃이 터져서 불쌍하다.　　　　　　② 볼이 빵빵한 모습이 생각나서 우습다.

③ '보랏빛 웃음보'라는 말이 재미있다.　　④ 간지럼 참는 느낌을 떠올리게 한다.

알 없는 안경

안경 쓴 내 친구
애들이 멋있대
부럽다
부러워

"엄마, 칠판이 안 보여요."

병원에 가니
할아버지 의사선생님
"보일 건데. 보일 건데."

안경 너머
무서운 표정

어떡하지 어떡하지
두근두근 두근두근
"안 보여요. 안 보여요."

할아버지 선생님
고개를 끄덕끄덕
적어주신 처방전

'알 없는 안경'

1. 누가, 무엇에 대해 쓴 시인지 바르게 연결한 것을 골라 봅시다.

① 아이-시력 검사 　　　　　　　② 아이-의사 선생님

③ 의사 선생님-처방전 　　　　　④ 엄마-시력 검사

2. 글쓴이에 대한 설명으로 맞는 내용에는 ○표를, 다른 내용에는 ×표를 해 봅시다.

눈이 많이 나쁘다.	
안경을 쓰면 더 잘생겨 보인다고 생각한다.	
안경이 불편하다고 생각한다.	
의사 선생님께 혼날까 봐 가슴이 두근거렸다.	

3. '알 없는 안경'은 안경알 없이 테만 있는 안경입니다. 의사 선생님이 처방전을 '알 없는 안경'이라고 적어 준 속뜻은 무엇인가요?

① 안경알이 비싸니까 테만 사려무나.

② 신제품을 안경 써 보렴.

③ 안경이 그렇게 쓰고 싶으면 알 없는 거라도 쓰려무나.

④ 알은 여기서 안 파니 다른 데 가서 사렴.

1 │ 어이 없는 놈 글 김개미

활동: 학교도 다니지 않는 아주 어린 아이가 학교에 다니는 나보다 더 배운 것이 많고 할 줄 아는 게 많다고 잘난 체한다면 어떤 마음이 들까요? 상장을 받아 오면 아빠는 어떻게 해 주시나요? 우리 생활에서 흔히 볼 수 있는 일을 참 재미있고 유쾌한 시로 풀어낸 책을 소개할게요. 손뼉을 치면서 깔깔 웃다가, 나도 이런 시 한번 써 봐? 하게 될걸요.

2 │ 맛있는 말 글 유희윤

활동: 아이들이 읽고 깔깔 웃으며 넘어가는 그런 시를 쓰고 싶었다는 지은이의 말이 가슴에 와 닿는 동시집이에요. '아, 맞아! 나도 이랬었는데!', '어쩜 나랑 똑같네!' 그냥 아무 생각 하지 말고 즐겁게 읽다가 머릿속을 스치는 한순간, 그 느낌을 잡으면 더 좋겠죠?

3 │ 신나는 동시 따 먹기
엮음 김미혜

활동: 계절별로 감상하기에 좋은 동시 37편과 각 동시를 온몸으로 읽으며 즐길 수 있는 활동들을 알려 주는 책이에요. 동시가 얼마나 신나는 놀잇거리가 될 수 있는지 알 수 있어요!

4 │ 쫀드기 쌤 찐드기 쌤 글 최종득

활동: 선생님들은 모두 무섭고 잔소리만 많은 데다 아주 근엄한 분이라고 생각하나요? 그럼 쫀드기 쌤을 만나 보세요. 작은 바닷가 마을에서 작은 학교의 작은 선생님으로 작은 아이들과 함께 하루하루 써 내려간 작은 시들에 마음을 쏘옥 빼앗길 거예요.

5 │ 다 아는데 자꾸 말한다
엮음 주순영

활동: 1~2학년 아이들 문집에서 골라 실은 동시와 일기입니다. 또래들이 쓴 글들이 재미나지요. 생각하고 말하는 것을 솔직하게 쓰면 그대로 좋은 글이 된다는 걸 알 수 있어요.

전기문

 전기문은 인물의 삶과 업적을 사실에 바탕을 두어 쓴 글입니다. 이야기와 비슷하지만 인물에 대한 글쓴이의 생각이나 느낌, 평가가 함께 쓰인다는 것이 다릅니다. 위대한 인물의 전기문을 통해 우리는 감동과 교훈을 얻습니다.

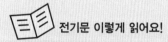 **전기문 이렇게 읽어요!**

- 인물의 출생, 성장과 죽음 등 생애를 살펴봅니다.
- 일화를 통해 인물의 활동과 업적 등을 알아봅니다.
- 인물이 살았던 시대 환경과 개인적인 환경을 살펴봅니다.
- 인물의 어떤 면을 사람들이 존경하는지,
  배울 점을 무엇인지 찾아봅니다.

세종 대왕

먼 옛날, 우리나라에는 우리말은 있었지만 우리의 글자가 없었습니다.

그래서 중국의 한자를 빌려 썼지요. 하지만 한자는 너무 어려워 높은 사람들만

배우고 쓸 수 있었습니다. 대부분 사람들은 아예 글을 쓰지 못했습니다.

"우리나라의 말이 중국과 다른데, 글자는 중국 한자를 쓰니

사람들이 글자로 통하지가 않는다.

많은 백성이 하고 싶은 말이 있어도 글자를 몰라 뜻을 펼쳐 보이지도 못하니,

이렇게 안타까운 일이 어디 있으랴!"

조선의 4대 임금인 세종 대왕은 사람들이 한자 때문에 불편해하는 것을 보고
너무나 안타까운 마음이 들었습니다.

그래서 우리나라의 글자를 만들기로 했어요.

하지만 신하들은 말도 안 되는 이유로 심하게 반대했습니다.

"전하, 우리나라는 중국을 형님으로 모시고 있사온데,

중국의 허락 없이 글자를 바꾼다는 것은

있을 수 없는 일이옵니다."

"미천한 백성들이 함부로 글자를 쓰게 되어

양반들의 높은 뜻에 해가 될까 걱정이옵니다."

그러나 세종 대왕은 뜻을 굽히지 않았습니다.

궁궐 안에 집현전을 짓고 전국 각지에서 우수한 학자들을 뽑아서

열심히 글자를 연구하게 했어요.

마침내 1443년 우리나라의 글자인 훈민정음이 만들어졌답니다.

"백성을 일깨우는 바른 소리, 훈민정음을

온 백성이 쉽고 편하게 쓰게 하라."

세종 대왕이 훈민정음을 만들지 않았다면

우리는 아직도 어려운 한자를 쓰고

있을지도 모릅니다.

세종 대왕은 늘 백성을 사랑했고 백성의 불편함을 생각했어요.

농사를 짓는 데 꼭 필요한 비의 양을 측정하기 위해 측우기를 만들었고,

정확한 시간을 알려 주기 위해 해시계와 물시계도 만들었어요.

그뿐만 아니라 백성들의 생활을 지켜 주기 위해 북쪽의 오랑캐를 몰아내고

튼튼한 성도 쌓았고요.

세종 대왕의 노력으로 나라가 편안하고 행복했답니다.

황희 정승이나 장영실 같은 뛰어난 인물도 많이 나오고,

과학과 문화도 크게 발전한 시기였지요.

세계적으로도 인정받는 뛰어난 우리 글자를 만든 분,

오직 백성을 위한 마음으로 과학 기술을 발전시킨 고마운 분.

우리는 영원히 세종 대왕을 기억할 것입니다.

1. 이 글을 읽고 전기문을 구성하는 부분과 그에 알맞은 내용을 선으로 이어 봅시다.

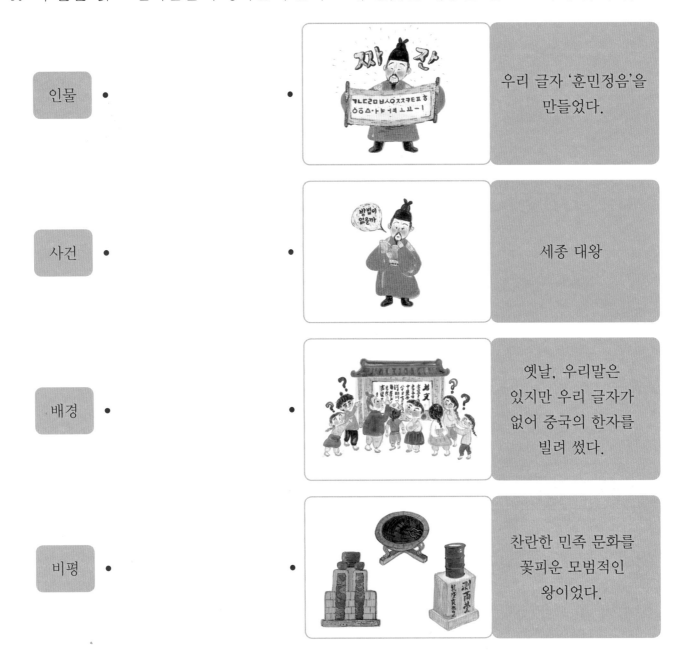

인물 •

사건 •

배경 •

비평 •

우리 글자 '훈민정음'을 만들었다.

세종 대왕

옛날, 우리말은 있지만 우리 글자가 없어 중국의 한자를 빌려 썼다.

찬란한 민족 문화를 꽃피운 모범적인 왕이었다.

2. 세종 대왕 이전의 시대를 잘못 말한 것을 골라 봅시다.

① 한자를 모르는 백성들은 글을 읽고 쓰지 못했다.

② 중국을 무조건 따르려는 신하들이 많았다.

③ 언제나 시간을 정확하게 알 수 있었다.

④ 양반들은 백성들이 글자를 알면 해가 된다고 걱정했다.

3. 다음에 정리한 세종 대왕의 업적은 어느 분야와 관련이 있는지 각각에 해당하는 번호를 <u>모두</u> 써 봅시다.

⊙ 백성들이 쉽게 글을 읽고 쓰도록 훈민정음을 만들었다.

ⓛ 비의 양을 측정할 수 있는 측우기를 만들었다.

ⓒ 정확한 시간을 알려 주기 위해 해시계와 물시계를 만들었다.

ⓔ 북쪽의 오랑캐를 몰아내고 튼튼한 성을 쌓았다.

ⓜ 조선에 적합한 음악을 만들었다.

ⓗ 신분과 관계없이 우수한 사람들을 뽑아서 썼다.

• 문화

• 과학

• 정치

4. 빈칸에 알맞은 낱말을 글에서 찾아 써 봅시다.

1) 궁중에 설치한 학문 연구 기관.

• 세종 대왕은 궁궐 안에 [   ] 을 짓고 연구를 하게 했습니다.

2) 비의 양을 측정하는 기구.

• 세종 대왕은 농사를 짓는 데 꼭 필요한 [   ] 를 만들었습니다.

3) 세종 대왕이 만든 우리나라 글자로 '백성을 깨치는 바른 소리'라는 뜻

• 세종 대왕이 만든 [   ] 덕분에 백성들은 쉽게 글을 배울 수 있었습니다.

5. 세종 대왕에 대한 평가로 옳지 <u>않은</u> 것을 골라 봅시다.

① 백성을 사랑하고 위했던 왕

② 신하의 의견을 무시한 왕

③ 과학과 문화를 발전시킨 왕

④ 인재를 잘 뽑아 쓴 왕

이순신 장군

이순신 장군은 오직 나라를 사랑하는 마음으로

나라를 시키는 무관이 되기로 했어요.

그래서 무과에 합격하여 무관이 되었어요.

이순신 장군은 남들이 가기를 꺼리는 추운 북쪽 지방이나

바닷가 등을 가리지 않았어요.

그리고 가는 곳마다 적군을 막아 내고, 병사들을 강하게 길러 냈지요.

또한 작은 고을의 사또로 부임했을 때도 열심히 일해서 백성들을 편안하게 해 주었어요.

그러다가 선조 임금 때 임진왜란이 터지자,

이순신 장군은 거북선으로 일본군을 물리쳤어요.

"태산처럼 무겁게 움직여라. 절대로 가벼이 움직이지 마라."

이순신 장군은 이렇게 말하며 항상 앞장서서 싸웠어요.

그래서 일본군은 이순신 장군 이름만 들어도 벌벌 떨었지요.

이순신 장군의 이름이 높아지자 원균이라는 장군이 시샘을 하여 임금님에게

이순신 장군을 모함하는 편지를 썼어요.

결국 이순신 장군은 관직을 빼앗기고 일반 병사로 백의종군하게 되었어요.

이 틈을 타 일본군이 바다를 다시 쳐들어왔어요.

그러자 임금님은 이순신 장군을 다시 수군통제사로 임명했어요.

일본군은 많은 배를 끌고 쳐들어오는데 이순신 장군에게는

배가 12척밖에 없었어요. 이순신 장군은 임금님께 편지를 썼어요.

"전하, 저에게는 아직 12척의 배가 남아있습니다.

제가 목숨을 걸고 이 배로 싸워 나라를 지키겠습니다."

이순신 장군은 겁을 먹고 벌벌 떠는 부하들에게도 말했어요.

"살고자 하면 죽을 것이오, 죽기를 각오하면 살 것이다.

한 사람이 길목을 지키면 천 명의 적도 두렵지 않다고 하였다. 목숨을 걸고 싸워야 한다."

이순신 장군과 부하들은 용감하게 싸웠어요.

명량 해전에서 이순신 장군은 단 12척의 배로 열 배가 넘는 적군의 배를
물리쳤어요. 그러나 아쉽게도 마지막 싸움인 노량 해전에서 일본군의 총탄에
맞아 숨을 거두고 말았지요.

장군은 죽는 순간까지도 "지금 싸움이 급하니, 나의 죽음을 알리지 마라."
하며 열심히 싸워 주기를 부탁했어요.

이순신 장군의 활약으로 우리는 나라를 지킬 수 있었답니다.

장군의 나라 사랑하는 마음과 불굴의 의지는

언제까지나 우리 마음속에 살아 있을 것입니다.

1. 누구의 이야기인가요?

① 세종 대왕   ② 원균   ③ 이순신   ④ 일본군

2. 다음 글의 내용으로 알 수 있는 인물의 성격이 <u>아닌</u> 것을 골라 봅시다.

> "태산처럼 무겁게 움직여라. 절대로 가벼이 움직이지 마라."
> "살고자 하면 죽을 것이오, 죽기를 각오하면 살 것이다."
> "지금 싸움이 급하니, 나의 죽음을 알리지 마라."

① 가볍게 행동하지 않고 신중하다

② 물러섬이 없이 용맹스럽다. 최선을 다한다.

③ 개인보다는 나라를 생각한다.

④ 자기 이름을 드높이기 위해 힘쓴다.

3. 빈칸에 알맞은 낱말을 글에서 찾아 써 봅시다.

1) 수군을 총지휘하는 관직. 현재의 해군 참모 총장.

• 임금님은 이순신 장군을 다시 [   ]에 임명했어요.

2) 벼슬이 없는 말단 군인으로 전쟁터에 나감.

• 원균이 모함하여 이순신 장군은 [   ]을 하게 되었어요.

3) 임진왜란 때 왜적을 쳐부순 거북 모양의 배.

• 이순신 장군이 만든 [   ] 덕분에 일본군을 물리쳤어요.

4. 이순신 장군의 생애를 정리했습니다. 순서대로 번호를 써 봅시다.

> ㉠ 임금님은 이순신 장군을 다시 수군통제사로 임명했어요.
> ㉡ 무과 시험에 합격하여 무관이 되었어요.
> ㉢ 임진왜란이 터지자, 거북선으로 일본군을 물리쳤어요.
> ㉣ 노량 해전에서 일본군이 쏜 조총에 맞아 숨을 거두고 말았어요.
> ㉤ 명량 해전에서 12척의 배로 큰 승리를 거두었어요.
> ㉥ 원균의 모함으로 관직을 빼앗기고 백의종군을 하게 되었어요.

| ㉡ | → | ㉢ | → | | → | ㉠ | → | | → | |

5. 은지가 이순신 장군의 전기문을 읽고 감상을 썼습니다. **보기** 에서 알맞은 말을 골라 빈칸에 써 봅시다.

> **보기** 임진왜란   일본군   나라   거북선   조선

이순신 장군은 [   ] 시대의 군인으로 [   ] 당시

[   ] 을 이끌고 전투마다 승리를 거두어 [   ] 을

물리치는 데 큰 공을 세웠다. 적에 비해 우리 편의 배가 많이 부족했지만,

목숨을 걸고 [   ] 를 지켰다.

이순신 장군이 참 자랑스럽다.

1 에디슨

활동: 전등이 없다면 밤에 얼마나 불편할까요? 이렇게 편리한 전등을 발명한 사람이 바로 에디슨이랍니다. 어린 시절, 에디슨은 별난 생각을 많이 해서 학교에서 쫓겨나기도 했다고 해요. 위대한 발명가가 된 에디슨을 만나 보세요.

2 장영실

활동: 천한 노비의 신분이었지만 세종 대왕의 부름을 받아 백성을 위한 기술을 개발했습니다. 측우기, 물시계, 수표교 등을 만든 위대한 과학자 장영실을 만나 보세요.

3 정약용

활동: 백성을 사랑하는 관리가 되기를 일생에 걸쳐 노력하고, 거중기를 만들어 수원 화성을 세계적인 건축물로 지은 위대한 학자입니다. 책 읽기의 소중함과 공부를 열심히 해야 하는 이유도 자세히 적어 남겼으니 꼭 한번 읽어 보세요.

4 유관순

활동: 아우내 만세 운동을 이끈 독립운동가 유관순. 열여덟 살의 여학생이 일본군의 잔인한 고문에 죽어 가면서 마지막까지 대한 독립 만세를 외칩니다. 나라를 사랑하는 마음과 용기를 배워 보세요.

5 한글을 지킨 사람들 글 김슬옹

활동: 오늘날 우리가 편하게 한글을 쓸 수 있는 것은 한글을 지켜 낸 많은 사람이 있었기 때문입니다. 한글을 지키는 데 노력한 12명의 인물을 만나 보면서, 한글의 우수성과 과학성에 대해 생각해 봅니다.

편지

편지는 특정한 상대에게 분명한 목적을 가지고 쓰는 글입니다. 안부를 묻거나 소식을 전하기 위해, 일을 진행하기 위해 편지를 쓰기도 합니다. 편지에는 일정한 형식이 있어서 첫머리에 호칭과 첫인사, 본문에는 하고 싶은 말, 끝맺음에 끝인사, 쓴 날짜, 쓴 사람 등이 들어갑니다.

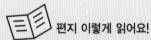

편지 이렇게 읽어요!

- 누가 누구에게 쓴 것인지 알아봅니다.
- 어떤 목적으로 쓴 것인지 확인합니다.
- 편지의 처음, 본문, 끝맺음에는 어떤 내용이 들어가는지 살펴봅니다.
- 편지를 보낸 사람이 빠뜨린 정보는 없는지 살펴봅니다.

태현에게

언제나 보고 싶고 아빠가 좋아하는 나의 태현이 몸 성히 잘 있니?

아빠는 감기도 안 들고 건강하게 전람회 준비를 하고 있단다.

우리 태현이가 모형 비행기 조립을 혼자서 열심히 잘하는 모양인데,

지금쯤은 전부 완성을 했겠지? 이번에 아빠가 가면 한번 보여다오.

친구하고 낙엽으로 만드는 공작 숙제도 참 잘했겠지?

아빠는 하루라도 빨리 도쿄에 가서 엄마, 태성이, 태현이, 아빠, 이렇게 넷이서

즐겁게 지내면서 일요일에는 영화도 보러 가고, 유원지도 놀러도 가고,

교회에도 가고… 그러고 싶어서 못 견디겠다.

이번에 아빠가 가면 자전거를 꼭 태현이에게 한 대, 태성이에게 한 대씩

사 줄 참이란다. 건강하게, 싸우지 말고 기다리고 있어라.

그리고 엄마가 아빠에게 편지 쓰실 때 태현이도 편지를 써서 보내 주기 바란다.

아빠가 기다리고 있을게. 그럼 몸 성히 잘 있어라.

자전거 잘 탈 수 있게 연습 많이 했니?

빨리 태현이가 자전거 타는 걸 보고 싶구나.

내 훌륭한 일등 아들 태현아,

종이가 모자라 한 장에다만 쓴다.

다음엔 길게 길게 써 보내마.

아빠 중섭

1. 누가 누구에게 쓴 편지인지 빈칸에 써 봅시다.

　　1) 이름: ＿＿＿＿＿＿＿ (이)가 　＿＿＿＿＿＿＿ 에게

　　2) 관계: ＿＿＿＿＿＿＿ (이)가 　＿＿＿＿＿＿＿ 에게

2. 이 편지를 쓴 이유를 <u>모두</u> 골라 봅시다.

　　① 자기의 소식을 전하려고
　　② 아들의 편지를 잃어 버려서
　　③ 전람회에 필요한 물건을 구하기 위해서
　　④ 아들이 보고 싶어서

3. 편지에 나타난 마음이 <u>아닌</u> 것은 무엇인가요?

　　① 가족과 하고 싶은 일들이 많다.
　　② 가족과 떨어져 지내는 것이 외롭다.
　　③ 편지를 길게 쓰기가 귀찮다.
　　④ 아들에게 선물을 하고 싶다.

4. 다음 중 이 편지에 들어 있는 것에는 ○표를, 없는 것에는 ✕표를 해 봅시다.

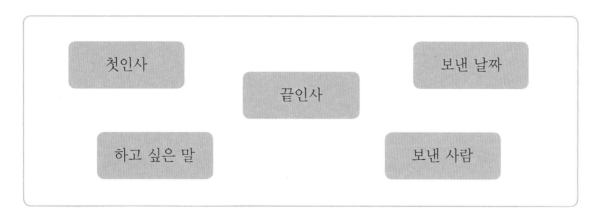

첫인사　　끝인사　　보낸 날짜　　하고 싶은 말　　보낸 사람

키다리 아저씨께

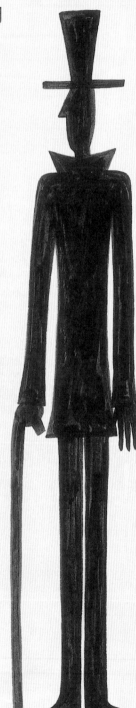

마침내 도착했답니다. 대학은 대단히 커서 정신이 없어요.

차차 익숙해지면 자세히 설명해 드릴게요. 빨리 첫인사를 드리고 싶어

이렇게 편지를 씁니다.

전혀 모르는 분께 편지를 쓰려니 무엇을 써야 할지 모르겠어요.

편지를 써 본 것도 고작 서너 번밖에 되지 않거든요.

혹시 마음에 들지 않으시더라도 너그럽게 이해해 주셨으면 해요.

지난여름 내내 저는 의원님에 대해서 생각했어요.

태어나서 처음으로 제게 관심을 두신 분이니까요.

가족이 생긴 것 같아 가슴이 뭉클했어요.

하지만 막상 의원님을 생각하면 머릿속이 캄캄해지면서 아무것도

떠오르지 않아요. 제가 의원님에 대해 아는 게 세 가지밖에 없잖아요.

키가 크다, 무지무지하게 부자다, 그리고 여자아이를 싫어한다.

그래서 의원님을 '키다리 아저씨'라고 부르려고 해요. '부자 아저씨'나

'여자아이를 싫어하는 분'보다는 나을 거

같아서요. 기분 나쁘신 건 아니죠?

곧 10시를 알리는 종이 울릴 거예요.

종소리가 나면 불을 꺼야 해요.

안녕히 주무세요.

9월 24일 퍼거슨 기숙사 215호실에서

제루샤 애벗 올림

1. 누가 누구에게 보내는 것인지 편지 봉투에 써 봅시다.

보내는 사람: ＿＿＿＿＿＿＿＿＿＿＿＿＿

받는 사람: ＿＿＿＿＿＿＿＿＿＿＿＿＿

2. 이 편지를 쓴 이유를 무엇인가요?

① 공부하는 내용을 알려 주려고

② 키다리 아저씨를 알게 된 인사로

③ 도착하기 힘들었다고 이야기하려고

④ 편지를 잘 쓰기 때문에

3. 편지의 내용으로 알 수 있는 사실에는 ○표를, 알 수 없는 사실에는 ×표를 해 봅시다.

① 제루샤는 의원님의 정체를 모른다. ☐

② 제루샤는 10시를 알리는 종을 치러 가야 한다. ☐

③ 제루샤에겐 가족이 없다. ☐

④ 제루샤는 대학 기숙사에서 편지를 쓰고 있다. ☐

⑤ 제루샤가 서너 번 쓴 편지는 모두 의원님께 보낸 것이다. ☐

선생님께

선생님, 안녕하세요? 저 혜림이예요.

어제 제가 배가 아프다고 해서 선생님께서

많이 걱정하셨잖아요?

그런데 사실은 우유 마시기가 너무 싫어서

저도 모르게 배가 아프다고 말씀드렸어요.

제 말을 듣고 걱정하시는 선생님 모습을 보면서

무척 후회하였어요.

선생님, 거짓말을 해서 정말 죄송합니다.

다시는 거짓말을 하지 않을게요.

5월 26일

이혜림 올림

1. 누가 누구에게 쓴 편지인지 빈칸에 써 봅시다.

(이)가   에게

_____   _____

2. 혜림이가 배가 아프다고 한 진짜 이유는 무엇인가요?

① 밥을 안 먹으려고

② 집에 일찍 가려고

③ 우유를 안 먹으려고

④ 선생님이 무서워서

3. 혜림이는 왜 선생님께 편지를 썼나요?

① 거짓말을 한 것이 죄송해서

② 친구와 다투어서

③ 우유 마시기가 싫어서

④ 배가 아파서

4. 다음 설명을 읽고 알맞은 말을 편지에서 찾아 써 봅니다.

> 보통 나이 어린 사람이 윗사람에게 편지를 보낼 때 써요.
>
> 편지 마지막에 씁니다.
>
> 이름 뒤에 씁니다.

1 | 안네의 일기
글 안네 프랑크

활동: 2차 세계 대전으로 수용소를 피해서 비밀 은신처에 숨은 안네의 가족. 안네는 들키면 위험한 매일의 순간을 일기로 남겨요. 아무하고도 이야기할 수 없는 외로움을 일기장에 '키티'라는 별명을 붙여 마치 사람에게 편지를 쓰듯 하루하루 써 나갑니다. 전쟁의 무서움과 평화의 소중함을 일깨우는 편지글을 읽다 보면 삶이란 얼마나 소중한지 느낄 수 있어요.

2 | 키다리 아저씨
글 진 웹스터

활동: 고아원에서 자란 제루샤 애벗이 그녀의 글솜씨를 눈여겨본 부잣집 평의원의 후원으로 대학에 가게 되었어요. 후원 조건은 한 달에 한 번 의원님께 편지를 쓰는 것이랍니다. 글쓰기를 좋아하는 고아 소녀의 순수하고 쾌활한 마음을 잘 느낄 수 있는 편지로 구성된 이야기입니다.

3 | 이중섭 편지와 그림들
글 이중섭

활동: 1953년부터 1955년까지, 화가 이중섭이 일본에 있던 아내 이남덕(마사코) 여사와 두 아들에게 보낸 편지, 이남덕 여사가 이중섭에게 보낸 편지, 이중섭이 결혼 전 마사코에게 띄운 그림엽서 등이 담겨 있어요. 당시 이중섭의 생활상과 아내와 아이들을 향한 뜨거운 사랑과 그리움, 예술에 대한 생각 등이 애처롭게 표현되어 있어요.

4 | 개울가에서 쓴 편지
엮음 한국편지가족

활동: 전국 초등학생, 중고등학생이 교실에서 쓴 편지글과 선생님의 글, 어머니의 편지글을 엮은 책입니다. 선생님이 꿈인 아이, 할머니께 맛있는 음식을 만들어 주고 싶다는 손자 등 책갈피 속 이야기에 귀 기울이다 보면 큰 감동을 느낄 수 있어요.

기행문

기행문은 여행에서 보고, 듣고, 느끼고, 알게 된 것을 자유롭게 쓴 글입니다. 기행문은 여행의 과정(여정)을 중심으로, 보고 듣고 경험한 것(견문)과 그에 대한 생각(감상)이 드러나 있습니다. 기행문을 읽으면 여행한 곳을 직접 가 보지 않고도 그곳에 대한 정보를 얻을 수 있습니다.

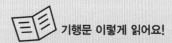

기행문 이렇게 읽어요!

- 누가, 언제, 어디로, 어떻게 갔는지 알아봅니다.
- 글쓴이가 여행을 가서 보고, 듣고, 경험한 일을 살펴봅니다.
- 글쓴이가 여행을 통해 무엇을 느꼈는지 알아봅니다.
- 기행문을 읽고 알게 된 새로운 사실을 정리해 봅니다.

내 마음을 사로잡은 경주

오늘은 초등학교에 다니는 아이들의 여름 방학을 맞아

함께 경주로 가는 날이다. 경주에는 경주문화원에 다니는 친구 상민이가

있어서 몇 번 가보았지만, 가족과 함께 가는 것은 처음이다.

경주 요금소를 통과하니 아주 커다란 기와집이 무슨 궁궐같이 들어서 있다.

그리고 김유신 장군 동상이 늠름하게 말을 탄 채 우리 가족을 반겨 준다.

"정말 경주에 왔네요."

"진짜 경주는 이제부터야!"

"아빠, 천 년 이전에는 경주가 서울이었지요?"

"뭐? 아하! 서울이라는 말이 경주에서 나온 말이지.

경주의 옛 이름이 서라벌인데 서라벌이 바로 서울이라는 뜻이지."

"그럼 우린 서울에서 타임머신을 타고 천 년 이전 서울에 왔네요."

"하하하, 그게 그렇게 되나?"

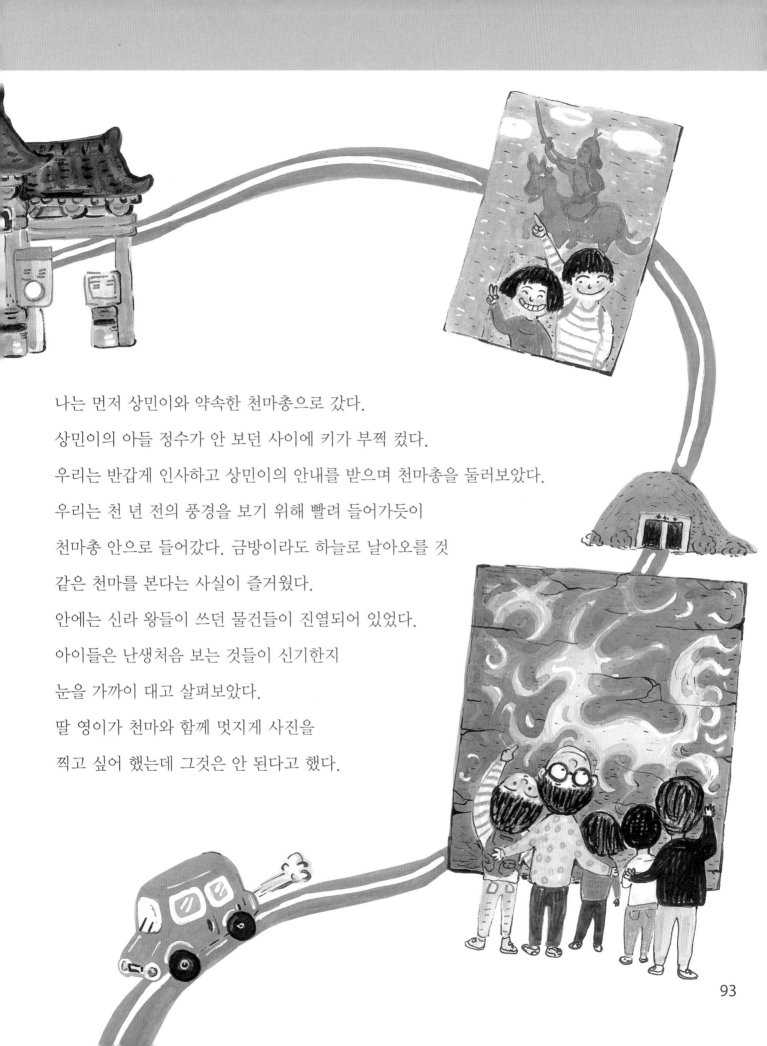

나는 먼저 상민이와 약속한 천마총으로 갔다.

상민이의 아들 정수가 안 보던 사이에 키가 부쩍 컸다.

우리는 반갑게 인사하고 상민이의 안내를 받으며 천마총을 둘러보았다.

우리는 천 년 전의 풍경을 보기 위해 빨려 들어가듯이

천마총 안으로 들어갔다. 금방이라도 하늘로 날아오를 것

같은 천마를 본다는 사실이 즐거웠다.

안에는 신라 왕들이 쓰던 물건들이 진열되어 있었다.

아이들은 난생처음 보는 것들이 신기한지

눈을 가까이 대고 살펴보았다.

딸 영이가 천마와 함께 멋지게 사진을

찍고 싶어 했는데 그것은 안 된다고 했다.

그다음으로 간 곳은 첨성대였다.

상민이가 아이들에게 첨성대에 관해 이야기해 주었다.

"첨성대는 옛날 신라 사람들이 천문 관측대로 만든 거야.

높이는 9.4m, 밑면은 지금이 5.17m로

돌로 만든 종 모양을 하고 있으며,

동양에서 가장 오래된 관측대지.

첨성대 꼭대기의 네모난 돌은 정확하게 동서남북을 가리킨단다."

"야, 옛날 사람들도 정말 슬기로웠구나!"

영이가 놀랍다는 듯 감탄하는 말을 했다.

조금 뒤 우리는 너무나도 유명한 불국사로 갔다. 불국사는 언제 보아도 멋있다.

잘 가꾸어진 숲과 편안한 길이 산책하기에 좋다.

대웅전 경내에 있는 다보탑과 석가탑이 제일 먼저 눈에 들어왔다.

다보탑과 석가탑은, 탑에 대해서 아무것도 모르는 사람이 보기에도

매우 아름답게 보인다.

둘 다 같은 돌로 만들었는데 어쩌면 그렇게도 다르면서 아름다운지

감탄이 저절로 나왔다.

불국사 절 뒤에 둘러서 있는 오래된 소나무들은

불국사를 지키는 군사들 같다.

크고 웅장한 불국사를 돌아본 뒤
우리는 석굴암이 있는 토함산을 올랐다.
토함산으로 오르는 길은 구불구불하여 마치
자동차로 묘기를 부리는 것 같았다. 토함산 꼭대기에
오르니, 저 멀리 동쪽으로 바다가 보인다.
우리는 표를 끊고 석굴암이 있는 곳으로 갔다.
동굴 속에 돌부처님이 앉아 있다.
천 년도 훨씬 더 지난 세월 동안 인자한 미소를 띠고 있는 돌부처는 보는 사람들의
마음을 한없이 평화롭게 만드는 힘이 있다.
"아빠, 그런데 왜 부처님을 유리창으로 가둬 놓았어요?"
"그건 사람들이 너무 많이 찾아오면 문화재가 훼손될 수도 있기 때문이란다."
문화재에 대해서 잘 모르는 영이가 보기에도 석굴암은 대단히 멋있다고 했다.

석굴암 본존불의 시선이 동해에 있는 문무 대왕암과 곧바로
연결되어 있다는 설명을 들으니 '대단하다!'는 감탄사가
저절로 나온다.
토함산을 다 내려오자 날이 저물었다.
우리는 향토음식점에서 저녁을 먹고 상민이네 집으로 갔다.
아이들은 무슨 말이 그리 많은지 한참 동안 떠들다가
자정이 넘어서야 잠자리에 들었다.

1. 글을 읽고 글쓴이의 여행을 정리해 봅시다.

누구와 갔나요?	
언제 갔나요?	
어디로 갔나요?	

2. 그림을 보고 글쓴이가 간 곳을 순서대로 정리해 봅시다.

㉠ 경주 도착

㉡ 석굴암

㉢ 천마총

㉣ 불국사

㉤ 첨성대

㉠ → □ → □ → □ → □

3. 글에 나타난 사실이 <u>아닌</u> 것을 골라 봅시다.

① 영이는 천마와 함께 사진을 찍었다.

② 석굴암 본존불의 시선이 동해 바다에 있는 문무대왕암과 곧바로 연결되어 있다.

③ 글쓴이는 경주에서 친구 상민이를 만났다.

④ 불국사 대웅전 경내에는 다보탑과 석가탑이 있다.

4. 글의 내용을 여행에서 들은 것과 직접 경험한 것, 생각한 것으로 나누어 ○표를 해 봅시다.

내용	들은 것	경험한 것	생각한 것
첨성대는 동양에서 가장 오래된 관측대다.			
천마총에서 천마를 보았다.			
토함산으로 오르는 길은 구불구불하다.			
오래된 소나무들은 불국사를 지키는 군사들 같다.			
돌부처는 보는 사람들의 마음을 한없이 평화롭게 만드는 힘이 있다.			
석굴암 본존불의 시선이 동해에 있는 문무 대왕암과 곧바로 연결되어 있다.			
저녁을 먹고 상민이네 집으로 갔다.			

5. 다음에서 설명하는 알맞은 낱말을 글에서 찾아 써 봅시다.

• 경주의 옛 이름으로, 서울이라는 뜻:

6. 이 글을 읽고 경주에 대해 처음 알게 된 것을 써 봅시다.

• 천마총에는 신라 왕들이 쓰던 물건들이 전시되어 있다.

•

•

정든 고향, 충주를 가다

고향 충주를 찾은 날은 잔뜩 흐려 있었다.

내 고향은 정확히 말해서 충청북도 충주시 소태면 야동이다.

사방이 산으로 둘러싸여 있고, 고추, 담배, 밤, 사과 농사를 짓는 산골 마을이다.

나는 오랜만에 가금면에 있는 중앙탑을 보러 갔다.

중앙탑은 신라가 삼국 통일을 한 뒤에 나라의 중앙에 세운 탑으로

국보 제6호이다. 정식 명칭은 '중원탑평기7층석탑'인데 우리는 그냥

'중앙탑'이라고 불렀다. 중앙탑은 여전히 늠름한 모습으로 서 있다.

크고 우람한 탑은 보는 것 자체만으로도 감동적이었다.

중앙탑에서 그리 멀지 않은 곳에 '고구려 비'가 세워져 있다.

고구려 비는 어릴 때 보지 못한 것인데, 1979년 발견하여

1981년에 국보 205호로 지정되었다.

남북한을 통틀어 오직 하나밖에 없는 고구려 시대 비석이라고 한다.

이 비석이 발견되어 옛날 삼국 시대에 충주가 고구려 땅이기도 했다는

역사적 사실이 증명되었다.

충주에서 가장 유명한 곳을 꼽으라면 역시 탄금대를 빼놓을 수 없다.

탄금대에는 애달픈 전설이 몇 가지 전해져 온다.

먼 옛날 가야국의 악성 우륵이 나라가 어지러워지자 가야금을 들고

신라로 와서 음악을 가르쳤다고 한다.

우륵이 가야금을 타던 곳이

바로 탄금대이다.

탄금대는 울창한 소나무 숲과 남한강이 굽이쳐 돌아가면서
커다란 호수를 만들어 경치가 매우 빼어나다.
그 소나무 숲 한가운데에 '감자꽃 시비'라고 불리는 비석이 있다.
거기에는 이런 시가 적혀 있다.

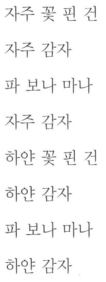

자주 꽃 핀 건
자주 감자
파 보나 마나
자주 감자
하얀 꽃 핀 건
하얀 감자
파 보나 마나
하얀 감자

이 비석을 어릴 적 처음 보았을 때, 나와 친구들은 모두 킥킥거리며 웃었다.

너무나 쉬운 시 구절을 만만히 보고 웃은 것이다.

자주 감자나 하얀 감자나 너무도 당연한 걸 가지고 저렇게 비석을 만들어

놓았다 싶어서 웃었다. 그러나 그게 아니었다.

선생님의 설명을 듣고 우리는 모두 숙연해졌다.

'감자꽃' 시를 쓴 권태응 시인은 일본인들에게 모진 고문을 받았다.

고문을 당하면서 일본 사람들한테 '너희는 일본 사람일 뿐이고,

조선(한국) 사람은 조선 사람이라서 같을 수가 없다.'는 것을

아주 쉬운 말로 표현한 시가 '감자꽃'이라고 했다.

감자꽃 시비를 보고 열두대로 갔다.

열두대는 임진왜란 때 신립 장군이 8천 명의 군사들과

왜적을 맞아 싸우다가 전사한 곳이다. 열두대는 바위 절벽으로 신립 장군이 전쟁 중에

12번이나 오르내렸다고 해서 붙여진 이름이다. 지금 보기에는 매우 가파르고

위험스러워 보여 위급했던 전쟁 중에 어떻게 오르내렸을까 싶다.

열두대에서 보는 강변의 경치는 참으로 아름답고 물의 흐름이

마치 가야금 소리에 흔들리는 듯이 보인다.

탄금대에서 충주 시내로 가는 길에는 사과나무가 많이 심어져 있다.

시내 도로에 사과가 주렁주렁 열려 있는 풍경도 충주에서만 볼 수 있는 풍경이다.

충주에서 경상도로 가는 길에 수안보가 나온다.

수안보는 고려 시대부터 알려진 유황 라듐 온천으로 유명하다.

어릴 적 해마다 섣달그믐 무렵이면, 수안보 온천으로 목욕하러 가는 일이

연례행사처럼 벌어졌다. 뜨거운 온천탕에 들어갔다가 나와서

누런 베 수건으로 몸의 때를 문지르면 삼 껍질처럼 밀리는 때가

부끄럽기도 했지만 얼마나 상쾌했던가!

이제는 현대식 시설로 바뀌어 훨씬 넓어진 온천탕 안에 들어가

뜨거운 물 속에 몸을 맡겼다. 온몸에 쌓인 피로가 한순간에 녹아 없어진다.

새삼 고향의 품에 안긴 푸근함에 스르르 잠이 들었다.

1. 글쓴이가 충주에서 간 곳을 순서대로 써 봅시다.

| 중앙탑 | → | | → | | → | 감자꽃 시비 | → | |

2. 기행문의 요소에 해당하는 문장의 기호를 써 봅시다.

㉠감자꽃 노래비를 보고 열두대로 갔다. ㉡열두대는 임진왜란 때 신립 장군이 8천 명의 군사들과 왜적을 맞아 싸우다가 전사한 곳이다. ㉢열두대는 바위 절벽으로 신립 장군이 전쟁 중에 12번이나 오르내렸다고 해서 붙여진 이름이다. ㉣지금 보기에는 매우 가파르고 위험스러워 보여 위급했던 전쟁 중에 어떻게 오르내렸을까 싶다. ㉤열두대에서 보는 강변의 경치는 참으로 아름답고 물의 흐름이 마치 가야금 소리에 흔들리는 듯이 보인다.

1) 여정: _____   2) 견문: _____   3) 감상: _____

3. 이 글에 대한 설명으로 알맞은 것을 골라 봅시다.

① 글쓴이가 둘러본 곳은 모두 처음 간 곳이었다.

② 글에는 충주의 역사 유적이 들어 있다.

③ 감자꽃은 아이들이 놀이할 때 부른 노래이다.

④ 수안보는 옛날이나 지금이나 같은 모습이다.

4. 글의 내용을 들은 것과 직접 경험한 것으로 나누어 ○표를 해 봅시다.

내용	들은 것	직접 경험한 것
고구려 비는 국보 205호이다.		
글쓴이는 고향으로 여행을 갔다.		
'감자꽃' 시는 권태응 시인이 썼다.		
열두대에서 임진왜란 때 큰 전투가 있었다.		
충주에는 길가에 사과나무가 많다.		
수안보 온천에서 목욕을 했다.		

5. 빈칸에 알맞은 낱말을 글에서 찾아 써 봅시다.

1) 무엇을 기념하기 위해 세운 것으로 돌로 만든 것.

고구려 비는 남북한을 통틀어 하나밖에 없는 고구려 시대  이다.

2) 땅의 열로 지하수가 따뜻하게 데워져 솟아 나오는 샘.

수안보는 고려 시대부터 유황 라듐  으로 유명하다.

6. 이 글을 읽고 내가 처음 알게 된 것을 <u>모두</u> 골라 봅시다.

① 충주에는 신라와 고구려의 유적이 있다.

② 탄금대는 우륵이 가야금을 탔던 곳이다.

③ 권태응 시인은 일제 강점기 때 '감자꽃'이라는 시를 지었다.

④ 열두대는 임진왜란 때 왜적을 무찌른 장소이다.

1 아빠랑 은별이랑 섬진강 그림여행
글 오치근, 오은별

활동: 아빠와 딸이 함께 떠난 섬진강 여행을 엮었습니다. 섬진강이 어디서부터 시작되어 어디까지 흘러가는지, 섬진강의 발원지부터 바다와 만나는 지점까지 섬진강을 따라가며 섬진강에서의 고기잡이, 다양한 명소, 수달, 나루터, 봄 축제 등 섬진강의 여러 풍경과 모습을 만나 볼 수 있습니다.

2 아빠와 함께 걷는 역사 길
글 남상욱, 송소진, 장치은

활동: 은우와 아빠가 함께 서울의 옛길을 걸으며 오늘의 서울에서 조선의 한양을 찾는 여정이 펼쳐집니다. 북악산 성곽길, 세종로, 북촌, 청계천 길, 헌인릉 등 서울의 대표 역사 길 15곳을 찾아다니며 생생한 역사를 체험합니다. 걷고 느끼며 상상하는 서울 답사 여행을 통해 역사 도시 서울의 과거와 현재를 만나고, 미래를 상상하는 즐거움을 느껴 보세요.

3 반쪽이와 하예린, 런던에 가다
글 최정현, 최하예린

활동: 아빠와 딸이 20여 개의 박물관, 미술관, 전시회를 통해 영국과 유럽의 역사에 대해서 이야기해 줍니다. 같은 또래의 어린이와 청소년이 재미있게 공감하고 읽으면서 유럽의 역사를 알 수 있습니다.

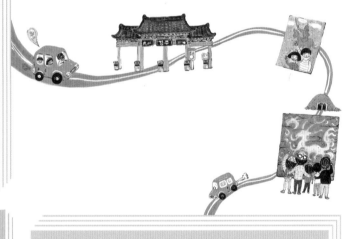

4 세상을 잘 알게 도와주는 기행문
글 심상우, 김해원, 박영란

활동: 이 책은 수필 형식, 일기 형식, 편지글 형식, 안내문 형식, 보고문 형식 등 기행문의 다양한 형식에 맞춰 역사, 문화, 사람, 자연이 들려주는 다채로운 이야기를 글과 사진으로 담았습니다. 기행문 감상은 물론 글쓰기도 잘할 수 있게 도와줍니다.

5 마법의 세계 여행
글 가야노 다카유키, 히카루

활동: 일본의 한 가족의 세계 일주를 한 경험을 엮은 책이에요. 여행지에서 얻은 새로운 경험은 가족들의 시야를 넓혀 주었고, 세계 여러 나라 사람들과 친구가 되었지요.

설명문

설명문은 어떤 것에 대한 정보를 알기 쉽게 풀어쓴 글입니다. 글쓴이의 생각이나 느낌보다는 정확한 사실을 전달해야 합니다. 이해하기 쉽게 써야 하고, 정확한 단어와 문장을 사용하는 것이 좋습니다.

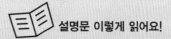
설명문 이렇게 읽어요!

- 무엇에 대해, 왜 썼는지 알아봅니다.
- 중요한 말과 문장을 찾아봅니다.
- 글의 전개 순서와 설명 방법을 알아봅니다.
- 글의 내용이 사실인지, 객관적인지 생각해 봅니다.

우리의 전래 놀이

요즘 어린이들은 장난감이 있어야 놀 수 있다고 생각합니다.

하지만 장난감이 없어도 즐거운 놀이는 얼마든지 있습니다.

특히 우리의 전래 놀이는 특별한 장난감이 없이 몸으로 하거나

주위의 자연물을 이용한 놀이가 많습니다.

그중에서 꼬리잡기, 그림자밟기, 비사치기에 대해 알아봅시다.

꼬리잡기는 같은 줄의 맨 앞사람이 맨 뒷사람을 잡는 놀이입니다.

놀이를 하려면 먼저 여러 사람이 한 줄로 늘어섭니다.

그리고 뒷사람은 앞사람의 허리를 잡고 몸을 굽힙니다.

맨 앞사람이 술래가 되어 맨 뒷사람을 잡으면 됩니다.

또는, 줄을 두 줄로 만들어 놀이할 수도 있습니다.

이때는 맨 앞에 있는 술래가 서로 상대방의

꼬리를 잡는 것입니다.

그림자밟기는 다른 사람의 그림자를 밟는 놀이입니다.

가위바위보를 하여 술래를 정하고

술래가 다른 사람의 그림자를 밟으면 이깁니다.

술래에게 그림자를 밟힌 사람은 다음 술래가 됩니다.

비사치기는 상대편의 돌을 넘어뜨리는 놀이로,

비석치기라고도 합니다.

먼저, 손바닥만 한 납작한 돌을 한 개씩 준비합니다.

그리고 가위바위보로 편을 나눈 다음, 기준선을 정합니다.

가위바위보에서 진 편은 기준선에서 적당히 떨어진 곳에 돌을 한 줄로 세워 놓습니다.

이긴 편은 기준선에 서서 자기의 돌을 던지거나 발로 차서 진 편의 돌을 맞혀 넘어뜨립니다.

상대편의 돌을 모두 넘어뜨린 편이 놀이에서 이깁니다.

우리의 전래 놀이를 익힌다면 언제,

어디에서라도 장난감 없이도

즐겁게 놀 수 있습니다.

1. 이 글에 소개된 전래 놀이의 이름을 선으로 이어 봅시다.

그림자밟기

꼬리잡기

비사치기

2. 빈칸에 들어갈 내용을 글에서 찾아 써 봅시다.

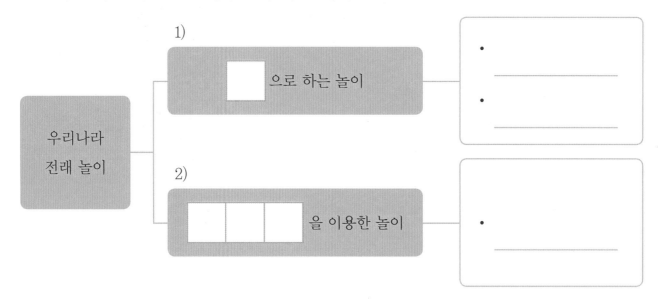

우리나라
전래 놀이

1)
□ 으로 하는 놀이

2)
□□□ 을 이용한 놀이

3. 비사치기 놀이 순서를 바르게 정리해 봅시다.

> ㉠ 진 편은 기준선에서 적당히 떨어진 곳에 돌을 한 줄로 세워 놓습니다.
>
> ㉡ 손바닥만 한 납작한 돌을 한 개씩 준비합니다.
>
> ㉢ 상대편의 돌을 모두 맞혀 넘어뜨린 편이 이깁니다.
>
> ㉣ 가위바위보로 편을 나누고, 기준선을 정합니다.
>
> ㉤ 이긴 편은 기준선에 서서 자기 돌을 던지거나 발로 차서 진 편의 돌을 맞힙니다.

$$\boxed{㉡} \rightarrow \boxed{} \rightarrow \boxed{} \rightarrow \boxed{} \rightarrow \boxed{}$$

4. 이 글을 읽은 친구들의 말입니다. 사실에는 '사실', 의견에는 '의견'이라고 써 봅시다.

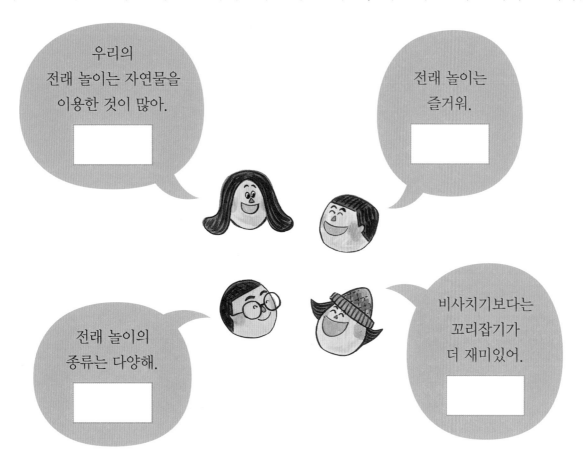

우리의 전래 놀이는 자연물을 이용한 것이 많아.

전래 놀이는 즐거워.

전래 놀이의 종류는 다양해.

비사치기보다는 꼬리잡기가 더 재미있어.

송편

송편은 추석에 먹는 대표적인 음식입니다.

송편은 보통 달이나 반달 모양으로 빚습니다. 그래서 '달떡'이라고도 부릅니다.

송편을 만들려면 쌀가루로 만든 반죽 덩어리와 송편 속에 넣는 소가 필요합니다.

소란 송편이나 만두 등을 빚을 때, 맛을 내기 위해 익히기 전에

속에 넣는 것을 말합니다.

송편의 소는 깨, 팥, 콩, 밤, 녹두,

대추 등으로 만듭니다.

또, 송편 반죽에 솔잎, 쑥 등

다양한 재료를 사용하여

여러 가지 색이나

향을 내기도 합니다.

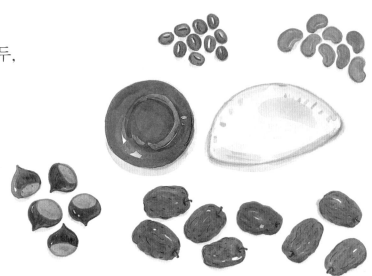

1. 이 글은 무엇에 대한 설명인지 골라 봅시다.

① 추석 음식   ② 송편   ③ 소   ④ 솔잎

2. 빈칸에 알맞은 낱말을 글에서 찾아 써 봅시다.

1) 송편을 다르게 부르는 말.

송편은 달이나 반달 모양으로 빚어 [   ] 이라고도 부릅니다.

2) 송편의 맛을 내기 위해 익히기 전에 속에 넣는 것.

송편의 [   ] 는 깨, 팥, 콩, 밤, 녹두, 대추 등으로 만듭니다.

3. 글의 내용이 맞으면 ○표에, 틀리면 ✕표에 색칠해 봅시다.

① 송편은 설날 먹는 음식이다.   ○ ✕

② 송편은 색깔이나 향을 내기도 한다.   ○ ✕

③ 송편은 달 모양을 본떠 빚는다.   ○ ✕

④ 송편의 소는 깨와 콩으로만 만든다.   ○ ✕

4. 이 글에서 설명하고 있는 내용이 <u>아닌</u> 것을 골라 봅시다.

① 송편 이름의 유래

② 송편 반죽의 재료

③ 송편의 소 재료

④ 송편 빚는 방법

1 국제 무대에서 꿈을 펼치고 싶어요
글 서지원, 나혜원

활동: 어린이들이 좋아하는 여러 가지 직업에 대하여 설명하고 있는 책이에요. 국제 심판, 비행기 승무원뿐 아니라 국제공무원, 외교관, 여행가 등 많은 세계적인 직업을 소개해 줍니다. 궁금한 것이 가득한 직업의 세계를 이해하는 데 도움을 주는 책이에요.

2 상상력과 창의력 쑥쑥 어린이 요리책
글 박새봄

활동: 매일매일 틈날 때마다 집에서 맛있고 영양 많은 간식을 만들며 신나게 놀아 보아요. 이 책에 실린 재료와 요리법에 대한 자세한 설명은 누구든지 요리사로 만들어 줄 거예요.

3 끼리끼리 재미있는 우리말 사전 시리즈 글 박남일

활동: 숨어 있는 우리말의 뜻을 재미있는 그림과 함께 설명해 주는 어린이용 우리말 사전입니다. 날씨, 비, 해, 하늘 등 자연과 수 세기, 길이 재기 등의 수학, 그리고 음식과 요리 등을 주제로 재미있는 우리말들을 많이 소개하고 설명해 주고 있어요. 이 책을 읽다 보면 자기도 모르게 우리말 실력이 쑥쑥 자라게 될 거예요.

4 머리에서 발끝까지 시리즈
글 신순재, 조은수, 허은미

활동: 우리 몸은 수많은 것으로 이루어져 있어요. 손과 발, 이와 피부, 눈, 코, 입 등 셀 수도 없을 만큼 많은 신체 부위가 있지요. 이런 우리 몸의 신체 부위를 하나하나 친절하고 자세하게 설명해 주는 책이 있어요. 꿈꾸는 뇌, 재주 많은 손, 아주 바쁜 입 등 우리가 궁금해했던 우리 몸의 비밀에 대해서 잘 알려 주는 친절한 그림책이에요. 우리 몸을 더 잘 알아야 소중하고 바르게 가꿀 수 있겠죠?

논설문

논설문은 어떤 주제에 관하여 자기의 생각이나 주장을 체계적으로 밝혀 쓴 글입니다. 논설문에는 주장을 뒷받침하는 이유나 근거가 함께 들어 있습니다. 논설문은 서론, 본론, 결론으로 이루어지는데, 서론에서는 주장하고자 하는 의견을 소개하고, 본론에서는 근거와 이유를 들어 의견을 논리적으로 주장합니다. 결론에서는 의견을 정리합니다.

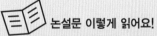 **논설문 이렇게 읽어요!**

- 글쓴이의 주장이 무엇인지 찾아봅니다.
- 글에서 사실과 의견을 구분합니다.
- 글쓴이의 주장에 대한 이유나 근거를 찾아봅니다.
- 주장의 이유나 근거가 옳은지 생각합니다.
- 글쓴이의 의견과 내 의견을 비교합니다.

복도에서 뛰지 마세요

 "복도에서 뛰지 마세요!"

요즈음 선생님이 자주 하시는 말씀입니다.

학기 초에 선생님과 우리 반 친구들은

'복도에서 뛰지 않기'라는 약속을 정하였습니다.

하지만 우리 반 친구 대부분은 이러한 다짐을 잘 지키지 않습니다.

여전히 복도에서 뛰어다니는 친구가 많은데, 뛰다가 부딪히면

다칠 수도 있습니다.

지난주, 3층 복도에서 김정수와 이아람이 뛰어가다가 서로 부딪쳤습니다.

김정수는 이마에 멍이 들었고, 이아람은 안경이 부러졌습니다.

다행히 눈은 크게 다치지는 않았는데, 만약 부러진 안경에 눈을 다쳤다면 어땠을까요?

무척이나 끔찍했을 것입니다.

이것 말고도 복도에서 뛰지 말아야 하는 까닭은
여러 가지가 있습니다.

복도에서 뛰게 되면 다른 반 교실에 피해를 주게 됩니다.

쿵쾅거리는 소리 공부에 큰 방해가 되기 때문입니다.

그리고 복도에서 뛰는 습관을 고치지 못하면
계단에서도 뛰어다니게 됩니다.

계단에서 뛰다가 잘못하여 미끄러지게 되면 크게 다칠 수 있습니다.

그러므로 복도에서는 뛰지 말고 천천히 걸어 다니면 좋겠습니다.

계단에서도 마찬가지입니다.

학교는 여럿이 함께 지내는 곳입니다.

이제부터 자신과 다른 친구들을 위하여
'복도에서 뛰지 않기'를 꼭 실천합시다.

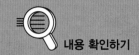

1. 이 글의 중심 내용은 무엇인가요?

① 다짐을 잘 지킵시다.

② 뛰다가 부딪히면 다치게 됩니다.

③ 뛰는 소리는 공부에 방해가 됩니다.

④ 복도에서 뛰지 맙시다.

2. 빈칸에 알맞은 말을 써넣어 봅시다.

글쓴이의 주장	☐☐ 에서 ☐☐ 말자.		
그렇게 생각한 까닭	• 뛰다가 부딪히면 ☐☐ 수 있다.		
	• 복도에서 ☐☐ 거리는 소리는 공부에 큰 ☐☐ 가 된다.		
	• 복도에서 뛰어 버릇하면 ☐☐ 에서도 뛰어다니게 된다.		

3. 글을 읽고 친구들이 의견을 나누었습니다. 내용에 맞지 <u>않는</u> 이야기를 한 친구를 골라 봅시다.

① 상은: 맞아. 다치면 다 나을 때까지는 정말 불편하다고.

② 성보: 선생님도 우리가 다칠까 봐 걱정이 많으셔.

③ 호성: 뛰고 싶은 친구들은 운동장으로 가면 좋겠다.

④ 연주: 다 같이 뛰면 뛰어도 상관없을 거야.

4. 이 글의 내용을 보기와 같은 방법으로 나누어 봅시다. 사실에는 '사실', 의견에는 '의견'이라고 써 봅시다.

> 보기 사실: 실제로 있었던 일이나 현재에 있는 일.
>   어제 수박을 먹었다. / 머리카락은 머리에서 난다.
>   의견: 어떤 일이나 물건에 대해 가지는 생각.
>   딱지치기가 가장 재미있다. / 아침에 일찍 출발하는 게 좋다.

• '복도에서 뛰지 않기'라는 약속을 정했다. 　　　　　　□

• 복도에서 뛰지 말고 걸어 다니면 좋겠다. 　　　　　□

• 나와 친구들을 위해 꼭 실천하자. 　　　　　　　　□

• 3층 복도에서 두 친구가 뛰다가 부딪혔다. 　　　　□

5. 이 글의 주장에 알맞은 근거에는 ○표를, 아닌 것에는 ×표를 해 봅시다.

나는 엄마와 걷는 것을 좋아한다.	
형이 뛰다가 넘어지면서 화분을 깼다.	
복도에서 뛰면 먼지가 많이 나 목이 따가웠다.	
감기가 든 친구는 뛰지 못해서 슬프다.	
달리기 선수니까 복도에서 뛰어도 된다.	

아름다운 우리말을 사용합시다

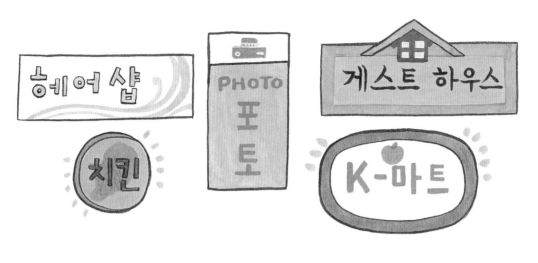

요즈음 텔레비전을 보다 보면 외국어를 사용하는 경우를 많이 볼 수 있다.
'게스트', '브랜드' 같은 말이나 '리얼하다', '핸섬하다' 같은 표현도
심심찮게 접할 수 있다. 우리말에 적절한 낱말이 없어서 외국어를 그대로
쓰는 경우도 있겠지만, 아무 생각 없이 외국어를 섞어서 쓸 때가 더 많다.
이렇게 무분별하게 외국어를 사용하기보다는 아름다운 우리말을
살려 쓰면 좋겠다.

요즈음 어린이들도 우리말로 할 수 있는 말을 외국어로 바꾸어 사용하는 것을
흔히 볼 수 있는데, 이러다 보면 언젠가는 우리말이 사라질지도 모른다.
어렵고 낯선 외국어보다 아름다운 우리말이 알기도 쉽고,
우리 정서에도 알맞다. '게스트'는 '손님'으로, '브랜드'는 '상표'로,
'리얼하다'는 '사실 같다'로, '핸섬하다'는 '멋지다'로 바꾸면 읽기도 쉽고 더 정겹다.
굳이 외국어를 사용하지 않아도 순수한 우리말로 얼마든지 나타낼 수 있다.
우리의 역사와 전통 안에 살아 있는 우리말을 우리 힘으로 지키고
아름답게 가꾸어 나가야 한다.

1. 이 글의 중심 내용은 무엇인가요?

① 다짐을 잘 지킵시다.　　　　　　② 국어 사전을 사용하자.

③ 외국어를 많이 사용하자.　　　　④ 우리말을 사랑하자.

2. 글에 나온 외국어와 바꾸어 쓸 알맞은 우리말을 선으로 이어 봅시다.

게스트　●　　　　　　　　　●　상표

브랜드　●　　　　　　　　　●　사실 같다.

리얼하다.　●　　　　　　　　●　멋지다.

핸섬하다.　●　　　　　　　　●　손님

3. 다음 문장을 사실과 의견으로 나누어 ○표를 해 봅시다.

• 텔레비전에서 외국어가 자주 나온다.　　사실 | 의견

• 우리말을 살려서 쓰자.　　사실 | 의견

• 외국어를 우리말로 바꿀 수 있다.　　사실 | 의견

• 우리말이 사라질 수도 있다.　　사실 | 의견

4. 글쓴이의 의견을 뒷받침하는 근거가 <u>아닌</u> 것을 골라 봅시다.

① 우리말로 얼마든지 표현할 수 있다.　　② 외국어보다 우리말이 알기 더 쉽다.

③ 외국어를 우리말로 바꾸는 것이 어렵다.　　④ 우리말이 우리 정서에 알맞다.

1 입 다문 수도꼭지 글 손소영

활동: 물놀이를 좋아하는 사랑이는 할머니 댁에 갔다가 상상도 못 했던 상황을 맞이하게 됩니다. 물이 나오지 않게 된 거예요. '수도꼭지만 틀면 나오는 물이 뭐가 아까워?' 하고 생각하던 사랑이에게 어떤 변화가 생길까요? '물을 깨끗이 아껴 쓰는 습관을 기르자'는 의견을 전하면서 지구를 살리는 물 절약의 가치를 알려줍니다.

2 우리 집 전기 도둑 글 임덕연

활동: 전기를 아껴 쓰라는 말을 많이 듣지만 왜 그런지 모르겠다고요? 이 책에서는 전기가 무엇인지, 전기가 어떻게 만들어지는지를 소개하고 숨은 전기 도둑을 잡는 이야기로 '전기를 아껴 쓰자.'라는 의견을 재미있게 전달하고 있어요.

3 서로 달라서 더 아름다운 세상
글 노지영, 서지원, 곽민수

활동: 유명한 작가 선생님들이 사람들의 소중한 권리에 대하여 이야기하고 있어요. 가난한 사람들의 권리, 피부색이 다른 친구들의 권리, 남녀평등, 노인 문제 등 열 가지 문제를 통해 글쓴이의 의견을 쉽게 이해하고 그 주장에 대한 나의 의견도 생각해 볼 수 있어요.

4 10대를 위한 정의란 무엇인가
원저 마이클 샌델, 글 신현주

활동: 부자에게 세금을 더 걷어 가난한 사람을 돕는 것이 옳은가? 다수의 행복을 위해 한 명을 희생시키는 것이 더 나은 일인가? 등 과연 옳은 삶이란, 정의란 무엇인가에 대하여 함께 생각하고 답을 찾아갈 수 있도록 도와주는 책이에요. 우리 주변에서 볼 수 있는 여러 가지 문제에 우리도 한 번 관심을 가져 볼까요?

5 달콤달콤 무시무시 설탕을 조심해
글 박은호

활동: 우리가 매일 먹는 달콤한 음식인 설탕에 대하여 자세히 설명해 주고 설탕의 위험에 대해서도 여러 근거를 들어 알려줍니다. 이 책을 읽고 나면 아마 저절로 설탕을 조심하게 될 거예요.

미리 보고 개념 잡는 초등

독해력

정답

- 초등 독해력의 정답이 실려 있습니다.
- 글을 정확히 이해했는지 확인해 봅니다.
- 실수한 문제는 반복해서 정확하게 익히도록 합니다.

12~13쪽

1. ④

2. ③

3. ②→④→③→①

4. 1) 뒤죽박죽

　　2) 반듯하게

5. ②

6. ②

18~19쪽

1. ③

2. 화, 침질질이, 똥, 엄마, 동생

3. 언니가 좋아서 언니가 하는 대로 따라 한다.
　（민지 동생의 성별이 나오지 않으니
　누나라고 해도 괜찮습니다.）

4.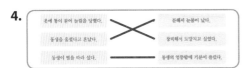

5. ③

6. ③

26~27쪽

1. 얼굴도 반쪽, 몸도 반쪽이어서

2. ①-ⓛ, ②-ⓓ, ③-ⓒ, ④-ⓐ

3. ①

4. ○, ×, ○, ○

5. 한가운데, 주먹

6. 겉모습

32~33쪽

1. ②

2. 커다란 무, 송아지
　송아지, 커다란 무

3.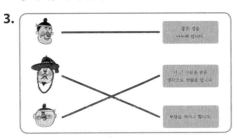

4. ⓛ→ⓐ→ⓔ→ⓒ→ⓓ

5. ④

6. ②

40~41쪽

1. 아기 양, 늑대

2. 소원, 피리, 양치기, 눈물

3. ×, ○, ○, ×

4. 늑대: ⓛ, ⓕ
　아기 양: ⓐ, ⓓ
　양치기: ⓒ, ⓔ

5. ③

44~45쪽

1. 바람: ○, ×, ○
　해: ×, ○, ○

2. ③

3. 해, 바람, 해

4. 바람→세게 입김을 불었다.
　→(나그네의) 외투를 벗기지 못했다.
　해→햇살을 비추었다.
　→(나그네의) 외투를 벗겼다.

5. ③

6. ②

52~53쪽

1. ③

2. ②

3. 도랑, 하수구, 물고기 뱃속

4. ②

5. 1) 주석 2) 밀랍 3) 종이

6. 사랑

58~59쪽

1. ③

2. ③→①→②

3. 겨울, 구멍, 봄, 놀이터, 아이들

4. ③

63쪽

1. 너도, 나도, 포도, 우린, 작고

2. ①

3. ④

65쪽　1. ③
　2.

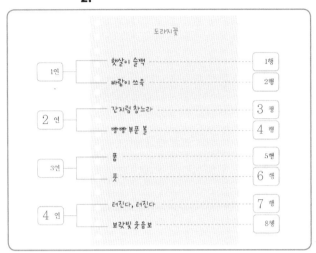

4연 8행

3. ①

67쪽　1. ①
　2. ×, ○, ×, ○
　3. ③

74~75쪽　1.

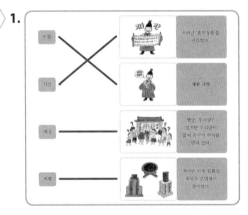

2. ③
3. 문화: ㉠, ㉤
　과학: ㉡, ㉢
　정치: ㉣, ㉥
4. 1) 집현전　2) 측우기　3) 훈민정음
5. ②

80~81쪽　1. ③
　2. ④

3. 1) 수군통제사　2) 백의종군　3) 거북선
4. ㉡→㉢→㉥→㉠→㉤→㉣
5. 조선, 임진왜란, 거북선, 왜군, 나라

85쪽　1. 1) 이름: 중섭, 태현
　　2) 관계: 아빠, 아들
　2. ①, ④
　3. ③
　4. ○: 첫인사, 하고 싶은 말, 보낸 사람
　　×: 끝인사, 보낸 날짜

87쪽　1. 보내는 사람: 제루샤 애벗
　　받는 사람: 키다리 아저씨
　2. ②
　3. ① ○　② ×　③ ○　④ ○　⑤ ×

89쪽　1. 이혜림(혜림이), 선생님
　2. ③
　3. ①
　4. 올림

96~97쪽　1. 아이들과(가족들과) 혹은 우리 가족과
　　친구 상민이네 가족
　2. ㉠→㉢→㉤→㉣→㉡
　3. ①
　4.

내용	옳은 것	경험한 것	상상한 것
첨성대는 동양에서 가장 오래된 건축물이다.	○		
천마총에서 천마를 보았다.		○	
포물선으로 오르는 길은 구불구불하다.		○	
오래된 소나무들은 불국사를 지키는 군사 같다.			○
돌부처의 본존불의 시선이 동해에 있는 문무 대왕암과 연결되어 있다.	○		
지나를 먹고 상민이네 집으로 갔다.		○	

5. 서라벌
6. 석굴암 본존불의 시선이 동해 문무 대왕암
　과 연결되어 있다.
　경주 요금소를 지나면 김유신 동상이
　나온다.
　경주의 옛 이름이 서라벌이다. 등

1. 중앙탑→고구려 비→탄금대→감자꽃 시비
→열두대

2. 여정: ㉠
견문: ㉡, ㉢
감상: ㉣, ㉤

3. ②

4.
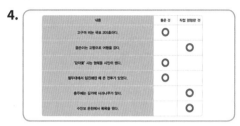

내용	들은 것	직접 경험한 것
고구려 비는 국보 205호이다.	○	
글쓴이는 고향으로 여행을 갔다.		○
'감자꽃' 시는 현재를 시간이 됐다.	○	
열두대에서 임진왜란 때 큰 전투가 있었다.	○	
충주에는 길가에 시내나무가 많다.		○
수안보 온천에서 목욕을 했다.		○

5. 1) 비석 2)온천

6. ①~④까지 모두 글에 나온 내용입니다.
아이가 이미 알고 있었던 내용만 빼고
고르면 정답입니다. 다 모르는 내용이라면
①~④까지 모두 골라도 좋습니다.

1.
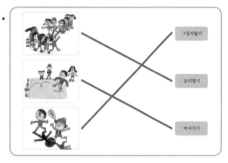

그림자밟기 / 꼬리잡기 / 비사치기

2. 1) 몸 - 꼬리잡기, 그림자밟기
2) 자연물 - 비사치기

3. ㉡→㉣→㉠→㉥→㉢

4.

우리의 전래 놀이는 자연물을 이용한 것이 많아. **사실**
전래 놀이는 즐거워. **의견**
전래 놀이의 종류는 다양해. **사실**
비사치기보다는 꼬리잡기가 더 재미있어. **의견**

1. ②

2. 1) 달떡 2) 소

3. ×, ○, ○, ×

4. ④

1. ④

2. 글쓴이의 주장 - 복도, 뛰지
그렇게 생각한 까닭 - 다칠, 쿵쾅, 방해,
계단

3. ④

4. 사실, 의견, 의견, 사실

5. ×, ○, ○, ×, ×

1. ④

2.
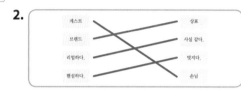

게스트 / 브랜드 / 리얼하다. / 핸섬하다. — 상표 / 사실 같다. / 멋지다. / 손님

3. 사실, 의견, 사실, 사실

4. ③

이 책에 실린 작품

저자 이재승
한국교원대학교와 동대학원 국어교육학과를 졸업(교육학 박사)하고 한국교육과정평가원 연구원 및
대구교육대학교 국어교육과 교수, 대학수학능력시험·외무 고시·교원임용고사 등의 출제 위원을 역임했습니다.
현재 서울교육대학교 국어교육학과 교수로 재직 중이며, 초등학교 국어 교과서 기획 및 집필을 책임지고 있습니다.
지은 책으로 「좋은 국어 수업 어떻게 할 것인가」, 「글쓰기 교육의 원리와 방법」,
「아이들과 함께하는 독서와 글쓰기 교육」 등이 있습니다.

저자 김민중
대구교육대학교와 동대학원 국어교육과를 졸업하고, 현재 대구 장동초등학교 교사로 근무하고 있습니다.
2007 개정 국어 교과서 및 2009 개정 국어 교과서 집필위원으로 국어 교과서 개발과 집필에 참여하였습니다.
서울시 디지털 국어 교과서 집필위원, 대구시 교육청 장학자료 개발 위원 등을 역임했습니다.
대구아동문학회 정회원이며, 공동 번역한 도서로 「글쓰기 어떻게 가르칠 것인가?」,
공동 저자로 참여한 도서로 「생각을 키우는 시와 동화 쓰기」가 있습니다.

미리 보고 개념 잡는 초등 독해력
펴낸날 2014년 11월 20일 초판 1쇄, 2022년 1월 10일 초판 13쇄
저자 이재승, 김민중 | 그린이 김선배, 시은경, 강은옥, 홍기한
펴낸이 신광수 | CS본부장 강윤구
출판개발실장 위귀영 | **출판영업실장** 백주현 | **디자인실장** 손현지 | **개발기획실장** 김효정
아동콘텐츠개발팀 박재영, 백한별, 서정희, 박인의, 김지예, 류효정
출판디자인팀 최진아 | **디자인** 솔트앤페퍼 커뮤니케이션 | **저작권** 김마이, 이아람
채널영업팀 이용복, 이강원, 김선영, 우광일, 강신구, 이유리, 정재욱, 박세화, 김종민, 이태영, 전지현
출판영업팀 박충열, 민현기, 정재성, 정슬기, 허성배, 정유, 설유상
개발기획팀 이병욱, 황선득, 홍주희, 강주영, 이기준, 정은정
CS지원팀 강승훈, 봉대중, 이주연, 이형배, 이은비, 전효정, 이우성
펴낸곳 (주)미래엔 | 등록 1950년 11월 1일 제 16-67호 | 주소 서울특별시 서초구 신반포로 321
전화 미래엔 고객센터 1800-8890 | 팩스 541-8249 | 홈페이지 www.mirae-n.com

ISBN 978-89-378-8685-0 64710
ISBN 979-11-6841-076-3(세트)